世界最速

自分史上
最高の柔軟性
が手に入る
ストレッチ

村山 巧

かんき出版

今、ストレッチの世界は、新たな時代を迎えています。

〝**ストレッチ1.0**〟は、〝グイグイギュッギュッ〟という柔軟体操の時代であり、「努力と根性」がキーワードでした。名門器械体操部では開脚した選手の背中に飛び乗り、股関節の筋を切る、という儀式もあったほどです。

その後、〝**ストレッチ2.0**〟の時代になります。これは現在主流のストレッチの考え方で、キーワードは「痛気持ちいい」「無理しない」「じっくり」「ゆっくり呼吸する」などです。間違ってはいませんが、それだけでは柔軟性を獲得するまでに長い時間を要します。

柔らかくなるストレッチ3.0

そして本書で紹介するのが、〝**ストレッチ3・0**〟の世界。

これは「**筋膜リリース**」と「**PNFストレッチ**」という2つの科学的アプローチから最速で体を柔らかくする正攻法の手法です。ごく一部のプロフィギュアスケーター、新体操選手、チアダンサーだけが知っている、いわば「**柔軟革命**」です。

そのスゴさは本書のメソッドを実践してもらえれば、すぐに実感できます。

さあ、あなたも自分史上最高の柔軟性を手に入れましょう。

世界最速で硬い体が

はじめに

本書では、主に東京を拠点にストレッチ講座を展開する私が体系化した、最短で驚きの成果を出すストレッチの手法を紹介しています。

ご承知の通り、ストレッチをテーマにした書籍は実に数多く存在します。しかし、私の見る限り、そのほとんどは無理なくゆっくり時間をかけて、という「じんわりストレッチ」です。その根底には安全第一という考えがあるように思うのですが、車に例えると超安全運転、いつでもどこでもローギアにして時速30㎞で走行するようなものだと思うのです。

それに対して本書で紹介するのは、ケガのないように制限時速いっぱいで、つまりギアをトップに入れて本人の限界スピードで走る手法です。このストレッチメソッドを私は「トップギアストレッチ」と呼んでいます。

トップギアストレッチとは

トップギアストレッチは、「PNFストレッチ」と「筋膜リリース」を両輪としつつ、私の指導経験の中で適宜アレンジを加え、最短で効果を出すべく進化させたストレッチ手法です。

PNFストレッチとは

PNFは、もともとリハビリの世界で発達した筋コンディショニングの手法です。筋肉を強く収縮させた後に弛緩させることで脳の運動系の神経を刺激し、短時間で筋肉や関節が本来有する可動域を覚醒させる手法であり、脳科学をベースにしたものということができます。そこで本書では、PNFに基づくエクササイズを「脳科学アプローチ」と呼んでいます。

筋膜リリースとは

全身を覆うボディスーツのような筋膜の歪みを正常に戻すことで、筋肉や関節が正しく動けるようにする手法が筋膜リリースです。

筋膜リリースはダンサーをはじめ、プロスポーツ選手の間でもウォームアップやクールダウンに広く取り入れられているように柔軟性向上に有用です。本書では、筋膜リリースに基づくエクササイズを「筋膜アプローチ」と呼んでいます。

7人が挑戦!

トップギアストレッチ 衝撃の BEFORE AFTER

年齢、性別、運動経験もバラバラの7人に、
本書で紹介する「トップギアストレッチ」を
体験していただきました。その成果はいかに!?

※結果には個人差があります。

BEFORE

8分後

AFTER

小川 豊さん（57歳）

［運動経験］
一輪車フルマラソン

本人からの感想

体の硬さには絶大な自信がありましたが、こんなに短時間で床に指がつくようになったのは衝撃です。

主に行ったストレッチ

P.61 P.91 P.114 P.123

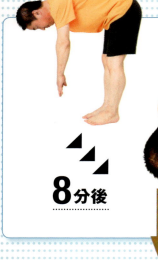

BEFORE

15分後

AFTER

星川大輔さん（37歳）

［運動経験］
フィギュアスケート

本人からの感想

やれば必ず効果が出る！必要なのは正しいやり方と継続することだと思いました！

主に行ったストレッチ

P.60　P.61

BEFORE

10分後

AFTER

R.Hさん（73歳）

［運動経験］
なし

本人からの感想

肩の周りを数分マッサージしてもらっただけで、手がすっと上がるようになって驚きました！

主に行ったストレッチ

P.41　P.44　P.45

BEFORE

10分後

AFTER

ゆうたさん（30歳）

［運動経験］
ポールダンス

本人からの感想

—

伸ばすところをしっかり意識しただけで大きな変化が得られたので、これからも続けようと思います。

主に行ったストレッチ

P.84　P.85　P.90　P.91

BEFORE

13分後

AFTER

Yさん（20代）

［運動経験］
軟式テニス

本人からの感想

—

もともと自分でストレッチをしていましたが、想像以上に柔らかくなったので驚きました！

主に行ったストレッチ

P.60　P.61　P.84　P.85

BEFORE

▶▶▶
18分後

AFTER

藤原悦子さん（44歳）

［ 運動経験 ］
サルサ、ダンス

本人からの感想

—

40歳を過ぎてからストレッチを始めましたが、急がず地道にやれば硬い筋肉も必ず柔らかくなることを実感できました。

主に行ったストレッチ

P.91　P.100　P.101

BEFORE

▶▶▶
20分後

AFTER

小谷英菜さん（9歳）

［ 運動経験 ］
バレエ、新体操

本人からの感想

—

ずっと頑張ってきても柔らかくならなかったのに、あっという間にできるようになって嬉しかったです！

主に行ったストレッチ

P.84　P.85　P.90　P.91

本書の構成

CHAPTER 1 準備運動

よく言われることですが、ストレッチを効果的に行うにはあらかじめ体を芯から温めておくことが重要です。ここでは、体のコアとなる体幹部、股関節、肩甲骨を軽く反動をつけて大きく動かす「ダイナミックストレッチ」を紹介します。

CHAPTER 2 部位別ストレッチ

本書のメインパートになります。全身を12のパートに分け、それぞれの部位別に脳科学アプローチ、筋膜アプローチのストレッチを紹介します。バリエーションも載せているので自己流にアレンジすることもできます。また、効果の高いペアストレッチも紹介しています。

筋膜アプローチ

約5分

脳科学アプローチ

約12秒

いずれも慣れれば簡単な動きですが、写真ではわかりにくい動きがあるかもしれませんので、動画コンテンツを用意しています。併せてぜひご覧ください。

なお、いくつか専用のアイテムが登場しますが、身近なものでも代用できます。詳しくは26ページをご覧ください。

https://hyper-body.com/01

CHAPTER 3 チャレンジプログラム

CHAPTER2の応用パートです。リクエストの多いポーズを6つ取りあげ、練習方法を紹介します。CHAPTER2と異なり、実践的なポーズですので、全身の各部位を複合的にストレッチする必要があります。自分の体を冷静に観察し、どこがブレーキになっているかを確認しつつ、より高みを目指します。具体的には下の流れで行うようにしてください。

静的ストレッチ

反動をつけずに、伸ばした状態をキープします。

約30秒

成果確認

これを1サイクルとして2〜3回繰り返します。スマートフォンでビフォーアフターの写真を撮って記録しておくと励みになるでしょう。

CONTENTS

はじめに　…………………………………………………… 4

7人が挑戦！
トップギアストレッチ　衝撃のBEFORE AFTER ………………… 6

本書の構成 ………………………………………………… 10

本書の使い方 ……………………………………………… 16

CHAPTER 1
ストレッチ効果を上げる準備運動

なぜ体は硬くなるのか？ ……………………………… 18

準備運動　体幹部 ……………………………………… 20

準備運動　股関節 ……………………………………… 22

準備運動　肩甲骨 ……………………………………… 24

本書で使用するアイテム紹介 ………………………… 26

エクササイズを行う上で留意していただきたいこと ………… 28

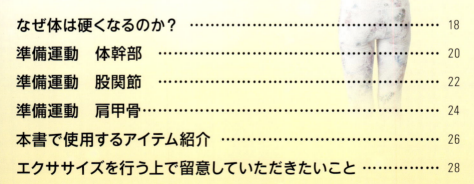

CHAPTER 2

部位別・世界最速で柔軟性が手に入るストレッチ

PART1　首のストレッチ…… 30

PART2　肩のストレッチ…… 38

PART3　腕のストレッチ …… 46

PART4　背中のストレッチ…… 54

PART5　体側部のストレッチ …… 62

PART6　胸のストレッチ …… 70

PART7　もも前側のストレッチ…… 78

PART8　もも裏側のストレッチ…… 86

PART9　もも外側のストレッチ…… 94

PART10　もも内側のストレッチ…… 102

PART11　ふくらはぎのストレッチ …… 110

PART12　すね・足裏・つま先のストレッチ …… 118

COLUMN1　ウォームアップ=ストレッチ？ …… 126

CHAPTER 3

上級者向けポーズにチャレンジしてみよう！

背面握手 …… 128

横開脚 …… 132

Y字バランス …… 136

前後開脚 …… 140

鳩のポーズ …… 144

ビールマン …… 148

COLUMN2 よくある質問トップ3 …… 152

ながらストレッチのススメ …… 154

おわりに …… 158

【本書で紹介するエクササイズを行う時の注意点】

・体調の悪い時、発熱中、関節や筋肉などを痛めている時、
　妊娠中、飲酒後は行わないでください。
・高血圧症、心臓病等の持病があり、加療中の方は行わないでください。
・強い痛みが出る場合には、無理をせず中止してください。
・自分の柔軟性に合わせて、無理のない範囲で行ってください。
・不安定な姿勢になる場合は転倒に注意し、
　無理をせず壁等を利用して安全に行ってください。

協力者紹介

女性モデル 石沢美希（28歳）

6歳からバレエを始め、アメリカのPasadena dance theatreにて2年間学ぶ。都内各所にてバレエ、ストレッチの指導を行う。幼児～大人までそれぞれのレベルに合ったレッスンに定評がある。

男性モデル 早田孝司（47歳）

器械体操、空手、少林寺拳法、エアロビクス、バレエ等を経験し、自己流で高い柔軟性を体得。解剖学や脳科学の観点からアカデミックに柔軟性向上と筋力強化に取り組む。ストレッチと筋トレの情報サイト「ビラボディ」を運営。

イラストレーター（各部位、P155～157）

前島一仁 株式会社仁友社 代表取締役

リアルタッチのイラストを得意とし、企業パンフレット、商品パッケージなど広告全般のデザインを手掛ける。

フォトグラファー

浅野里美 Photorythm代表

プロフィール写真、オーディション用写真など、お客様本来の魅力を引き出す写真家。

スタイリスト

丹羽晴美 株式会社HARU 代表取締役

都内でトータルビューティーサロンを経営。ヘアー＆メイクアーティストとしてテレビ番組、CM、雑誌など幅広く活躍。

デザイナー

華本達哉、久保洋子

本書のデザイン、DTPを担当。

本書の使い方

本書では基本的に1人で、身近な道具でも実施できる
ストレッチを紹介しています。
専用の道具や補助者がいれば効果は倍増します。

意識する、もしくは抵抗する方向

物理的に力を加える方向

伸びる箇所

バリエーション

動きはほぼ同じでも、体の方向や手の持ち方などを少し変えるだけでストレッチされる場所が変わってきます。

UP

より強度が高い動きがある場合に紹介しています。短期間でより高い柔軟性を得たい場合にチャレンジしてください。

POINT!

効果的にストレッチを行うために気を付けたいポイントです。

ペアで

補助者がいると、より効果的なストレッチが可能です。

DOWN

体がまだ硬く、メインで紹介したストレッチが難しすぎると感じる場合は参考にしてください。

やりがちな間違い、ストレッチ効果が半減してしまうポーズです。

CHAPTER 1

ストレッチ効果を上げる準備運動

ストレッチの効果を最大化させるためには準備運動が必要です。
ここでは、体のコアとなる体幹部、股関節、肩甲骨を
軽く反動をつけて大きく動かす
「ダイナミックストレッチ」を紹介します。

なぜ体は硬くなるのか？

「歳だから硬いのは仕方ない」と安易に加齢のせいにしていませんか？

しかし、体が硬くなる本当の原因は加齢自体ではなく、ストレッチ不足にあります。

人間の体は使わない筋力や機能は年齢に関係なくどんどん退化するようになっています（難しい言葉では「廃用性萎縮」といわれます）。

例えば、足を骨折してギプスで固定し、1カ月間病院のベッドで寝たきりになると、筋力に自信がある20歳の男性でも驚くほど足が細くなってしまいます。逆に、80歳のおじいちゃんボディビルダーがいるように、日々鍛えていれば高齢であっても筋肉は成長します。

体の柔軟性も同じです。つまり、年齢に関係なくストレッチを日々の習慣にしていれば高齢者であっても体は柔らかくなりますし、していなければ若くても体は硬くなります。実際にクラスに定期的に通っていただいた75歳のおばあちゃんがベターっと開脚できるようになった例もあります。

ストレッチを日々意識的に行わないと、日常生活の中では必要ない柔軟性がどんどん失われ、どれだけ鍛えた人で

も「普通の人」になっていきます。

筋トレも忘れないで

筋トレに関しては各々の競技の専門書に譲りますが、筋トレとストレッチは筋肉の成長にとっていずれも不可欠のものであることを忘れないでください。

そもそも単純化すると、

筋肉の収縮＝筋トレ
筋肉の弛緩＝ストレッチ

ということですから、ストレッチと筋トレは表裏一体であり、しなやかで疲れにくい筋肉をつくるための両輪となるのです。

ところで、この本はコデックス装という特殊な方法で製本されており、押さえなくても開いたままの状態を保つことができます。もちろん、本書を見ながらエクササイズをしやすいようにという配慮なのですが、あなたの足もこんな風にパカッと開くようになりますよ、という想いが込められています。

では、いよいよ
体をほぐして温める
準備運動から
始めていきましょう。

準備運動

体幹部

ストレッチの効果を高めるためには、あらかじめ体を温めておくことが重要です。

よく言われることですが、お風呂の後はストレッチの効果を高めるために非常に効果的なタイミングです。筋膜が温められ伸びやすくなっているためです。

ここでは短時間で体を中心部から温めるために体幹部、股関節、肩甲骨周りを大きく動かす運動(ダイナミックストレッチ)を紹介します。

体幹部は大きく分けて前後、左右、ひねりという3つの方向に動きます。

準備運動では軽く反動をつけてよいので、大きく動かすことで体の芯から温めることが重要です。

ここで紹介する動きはいずれも馴染みのある動きだと思いますが、少し意識を変えるだけでこれまでよりグッと伸びる感覚があるはずです。

前後に動かす

上体を前に倒す時には、尾てい骨を真上に高く突き上げ、体が2つ折りになることを意識すると、もも裏が伸びるのを感じるはずです。

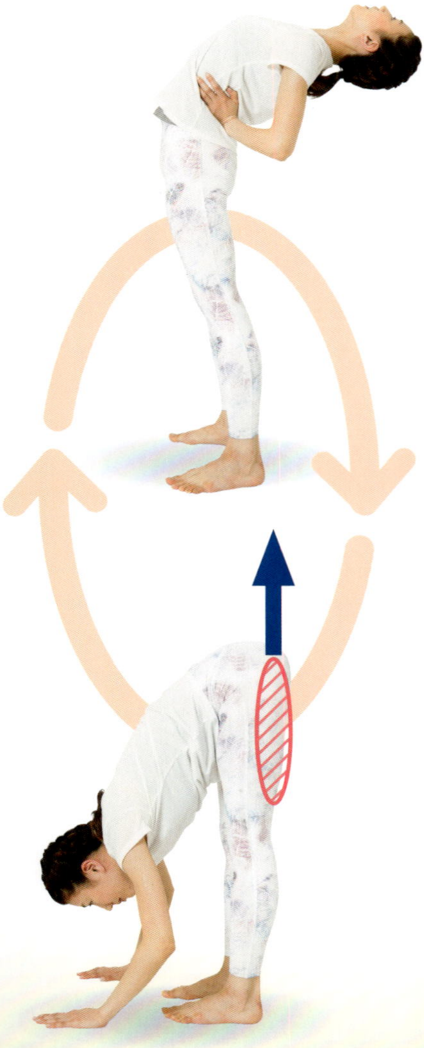

体幹をひねる

なんとなく体をひねるのではなく、まずお尻だけが回転し、へそ、みぞおち、胸、肩、顔と下から上に回転面が上がっていくことを意識すると、可動域が広くなるのを感じられます。

左右に倒す

高いところにあるものをつかむイメージで行います。目線は遠くへ向けて、背伸びしながら手が遠くを通ることを意識してください。伸ばした側の腰が上がらないように意識します。

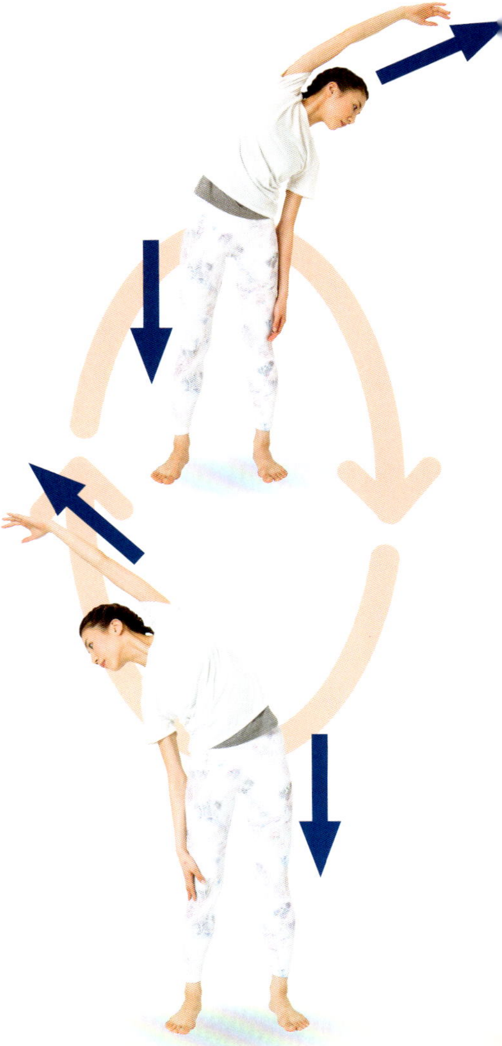

準備運動

股関節

股関節は歩く、走る、ジャンプするなど下半身の動きの起点となる重要な部位です。股関節は大きく分けて、３つの方向に動きます（前後に振り上げる、外に振り上げる、回す）。

いずれも上体を引き上げながら、イスやテーブルなどにつかまって上体を安定させて大きく動かすことを意識します。足を股関節から引き抜く意識で実施することで、可動域を最大限に生かすことができます。紙面の都合上、写真では左右のどちらか一方しか示していませんが、両方実施してください。

前後に振り上げる

背骨が上に引っ張り上げられているように意識します。特に前に振り上げる際には腰が丸くなりやすいので注意します。足を上げることだけを意識すると上体が上に伸びる意識がなくなり、お尻からもも裏にかけてのストレッチが効きません。

上半身を引き上げる意識がなくなると、背中から足へ力が逃げてしまいます。

大きく回す

足が体の外側を通る時は股関節から外旋、体の前側を通る時は内旋します。つまり、外側を通る時はつま先が外、前側を通る時はつま先が反対を向きます。外回し、内回しとも行います。

外に振り上げる

上げる時は股関節から外旋、下でクロスする時は内旋させます。上げる時はガニまた、下でクロスする時は内またと覚えるとよいでしょう。

準備運動

肩甲骨

20～23ページの準備運動を行っていただければわかる通り、動作自体は馴染みのあるものです。それでも意識を変えるだけでこれまで以上に可動域が広がる実感があるでしょう。

肩甲骨は腕を動かすために様々な方向に動く大きな骨で、肩甲骨の動きが制限されると腕や骨盤、ひいては全身の動きが悪くなるのでしっかり動かして体を温めます。

ここでは基本的な動きとして、腕を上下に振る、腕を開く、肩を回すエクササイズを紹介します。

軽く反動をつけていいので大きくリズミカルに動かすことが重要です。

この時、腕を肩関節から引き抜くようなイメージで遠くへ大きく動かすと、腕の動きが大きくなり肩甲骨もよく動きます。

腕を上下に振る

左右の腕を交互に上下に振ります。腕を伸ばして手が遠くを通ることを意識します。

肩を回す

肩を大きく回します。ひじが常に遠くを通ることを意識します。内回し、外回しをそれぞれ左右行います。

腕を開く

腕を大きく斜めに開きます。腕を伸ばし、手が遠くを通るように意識します。胸の筋肉もストレッチされます。

本書で使用する
アイテム紹介

本書では短時間でストレッチの効果を高める道具を複数使用しています。身近な道具で代用することもできるので、手元にない場合は身の周りのものが使えないか工夫してみてください。本書ではこのほかヨガマットやイス等も使用しています。

マッサージボール

ボール部分だけが独立して自由に回転するため、ピンポイントでマッサージできます。ゴルフボールやテニスボールでも代用できます。

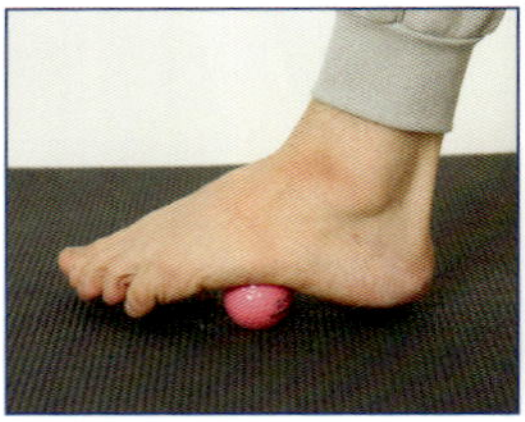

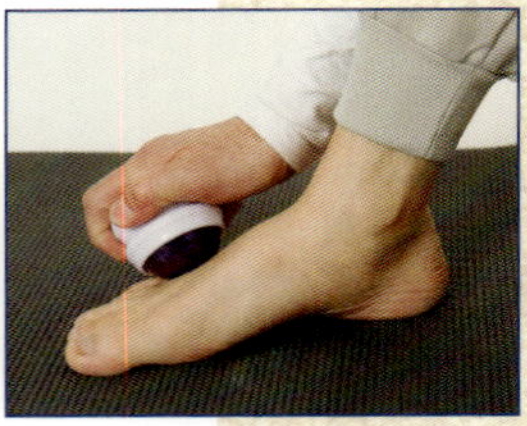

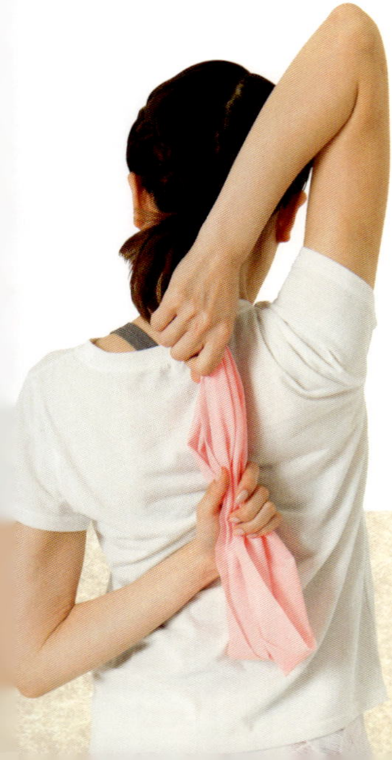

ゴムバンド

長さを調節することで、姿勢に合わせて自由に負荷を変更できます。伸縮性はほとんどありませんがタオル等でも代用できます。

マッサージスティック

ローラー部分が独立して動き、手軽に使えるアイテムです。ラップの硬い芯でも代用できます。

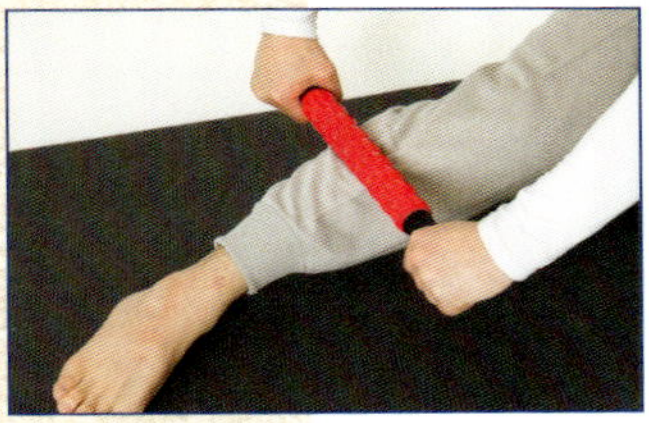

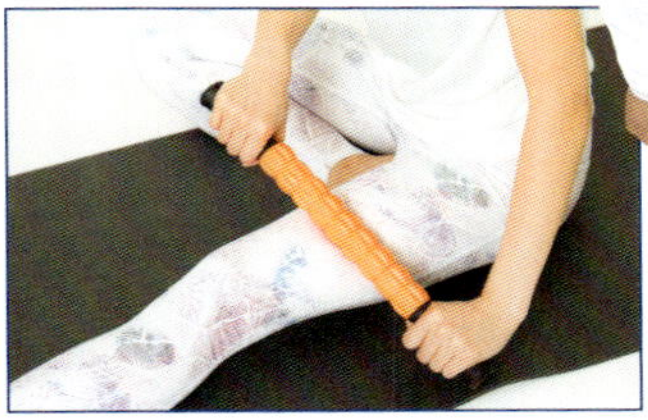

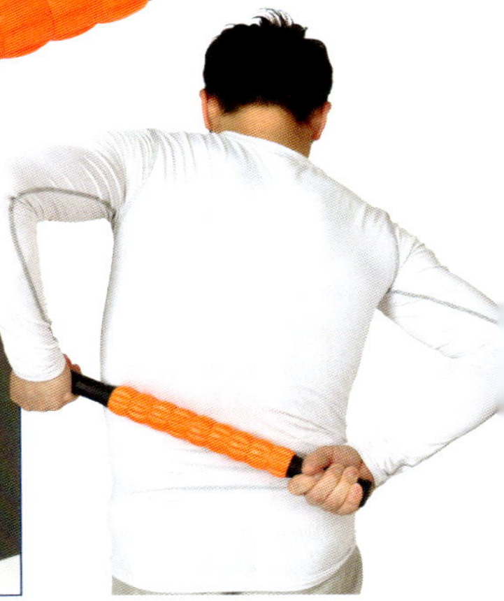

フォームローラー

ゴツゴツした部分が筋膜を押し伸ばします。プロのダンサーがこぞって採用しています。ビール瓶やバスタオルを丸めたものでも代用できます。

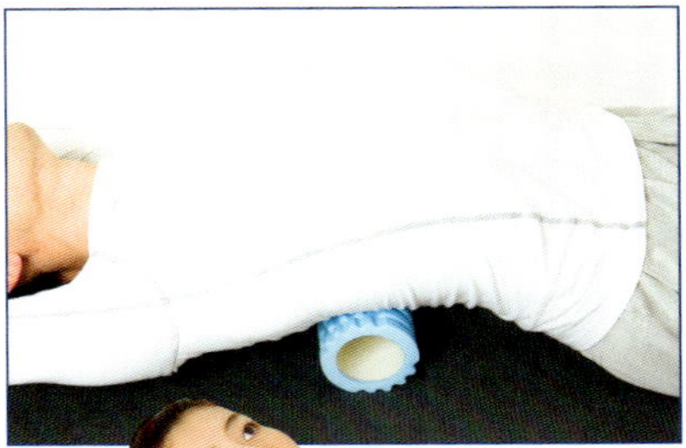

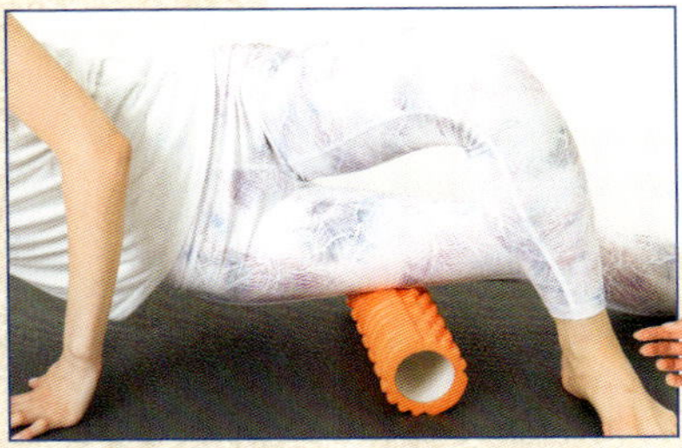

※商品はビラボディ専門ショップでお求めいただけます。

エクササイズを行う上で留意していただきたいこと

楽しんで取り組もう

トップギアストレッチはすぐに効果を感じやすいのが特長なので、「あれっ？私、こんなに足が開くんだ」と思う場面があったらチャンスです。この際どこまでいけるか試してみよう、と積極的に楽しんで取り組んでみてください。「私は体が硬いからストレッチは苦手だな」という気持ちがあると効果は出にくくなります。

補助者の心構え

ペアストレッチを一部紹介していますが、
補助者は次の3点を必ず守ってください。

1. 反動をつけないこと

文字で表すならば、「ギュッギュッギュッ」ではなく、
「ギューーーーーー」です。

2. 相手の反応を常に確認すること

「まだ大丈夫？」「もう少しいけそう？」
と相手に確認しながら進めてください。

3. 冷たい手で触らないこと

冷たい手で触ると筋肉が収縮して逆効果になります。

CHAPTER 2

部位別・世界最速で柔軟性が手に入るストレッチ

全身を12パートに分け、部位別に脳科学アプローチ、
筋膜アプローチのエクササイズを解説します。
各部位のイラストの下には、動画コンテンツへのアクセス先がありますので、
ぜひ合わせて確認してみてください。

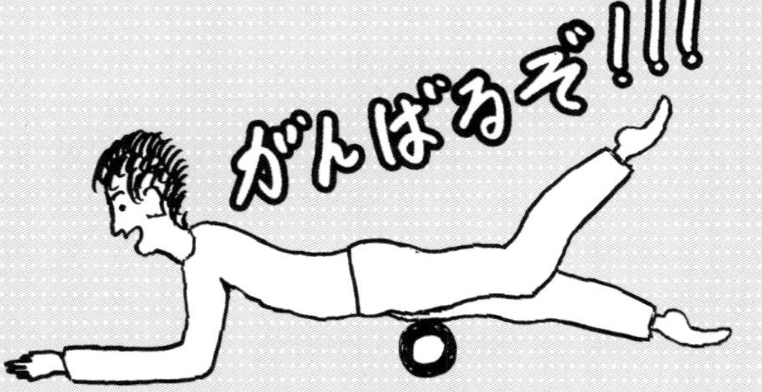

PART 1

首（胸《きょう》鎖《さ》乳《にゅう》突《とつ》筋《きん》・僧帽筋）のストレッチ

こり固まる原因

- 長時間のデスクワーク
- 猫背
- 運動不足
- スマホの見すぎ（スマホ首）

柔軟性を高めることで期待できる効果

- **首こり、肩こりの改善**
- **姿勢が良くなる**
- **バレエの回転運動が安定する**
- **サッカーで首の切り返しが早くなる**

各筋肉の働き

胸鎖乳突筋は頭部を安定させ、頭を横に振ったり倒したりする動きをサポートします。僧帽筋は、腕の働きを助け、肩甲骨を正しい位置に安定させる役割があります。

この部位がこり固まると、背中にムダ肉がつき、胸が下垂しやすくなります。肩こりや手の痺れ、ストレートネックの人は首が痛くなりやすくなります。

本パートで意識する主な筋肉

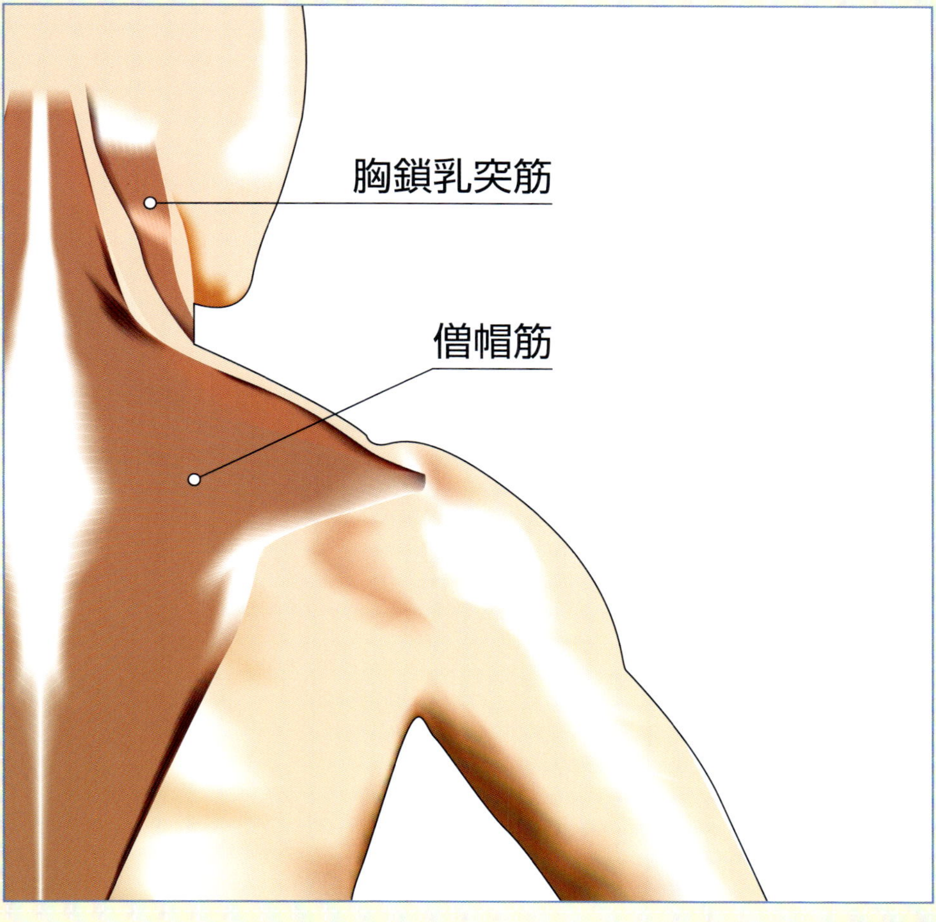

P32〜37で紹介しているストレッチ動画はこちら
https://hyper-body.com/n

首のストレッチ

脳科学アプローチ

START

1

両肩を下げ、無理なく首を横に倒せるところ（以降、本書では「**ブロックポイント**」と呼びます）まで倒してスタート。

2秒抵抗

2

２秒間息を止めて赤、青両側で綱引きをするイメージで力を入れます。

伸ばしている側の肩が上がるとストレッチ効果が半減します。

(2秒抵抗 + 2秒脱力)× 3回 = 12秒

2秒
脱力

3

息を大きく吐いて首の力を脱力すると同時に手で頭を引きます。**2**、**3**の動きを3回繰り返します。

GOAL

4

改めて首を横に倒してみてください。**1**よりも首が横に無理なく倒れる実感があるはずです。

POINT!

伸びる側の肩、腕を強く下に下げることを意識します。

脳科学アプローチエクササイズのコツ

脳科学アプローチでは、①短時間負荷をかけて抵抗し、②脱力する、という動きが特徴です。1、2で息を止めて力を入れる、3で大きく息を吐いて脱力、をリズミカルに繰り返します。「イチニ、サーン」と覚えてください。

次ページ以降で違う方向のエクササイズ、違う部位のエクササイズを多く紹介していきますが、部位や方向が変わっても、基本的な手順は同じです。本書で紹介していない動きにもご自身で応用することができるでしょう。

バリエーション

正面や斜め前に倒す動き、横を向く動きでも同じ要領で行いましょう。ただし、首の後ろ側は重要な神経が多く通っている箇所ですので、後ろに倒す動きは負荷をかけすぎないよう特に注意しましょう。

手の力で首を押し下げ、首の力で抵抗することで首の後ろがストレッチされます。

斜め前に首を押し下げ、首の力で抵抗します。

手で顔を外に向けるように力をかけ、首を正面に戻す力で抵抗します。

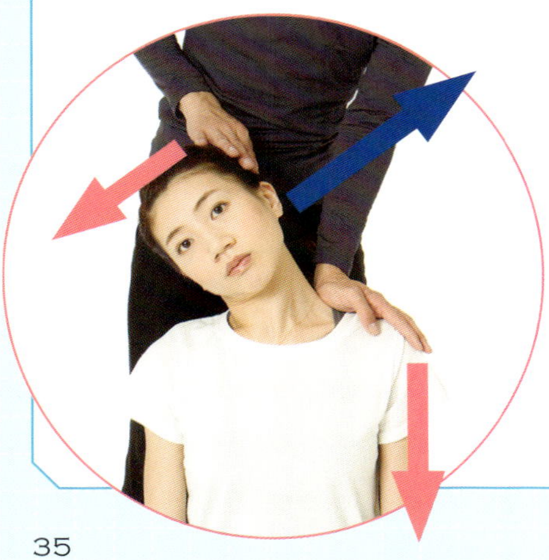

ペアで

補助者は肩を押し下げながら、首を横に倒します。首を押し上げることで首から肩にかけての部分が強くストレッチされます。

筋膜アプローチ

各30秒

筋膜アプローチエクササイズのコツ

こりがある部分を圧迫しながら筋肉や関節を

1

首の横を押さえて首をゆっくり大きく動かします。

2

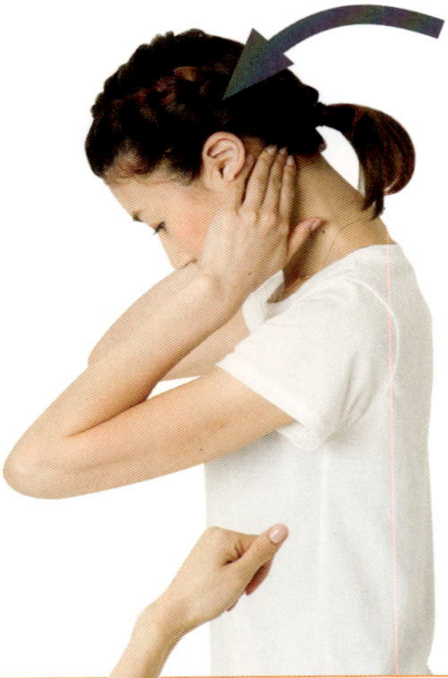

1

首の付け根を押さえて首、肩、背中を大きく動かします。

2

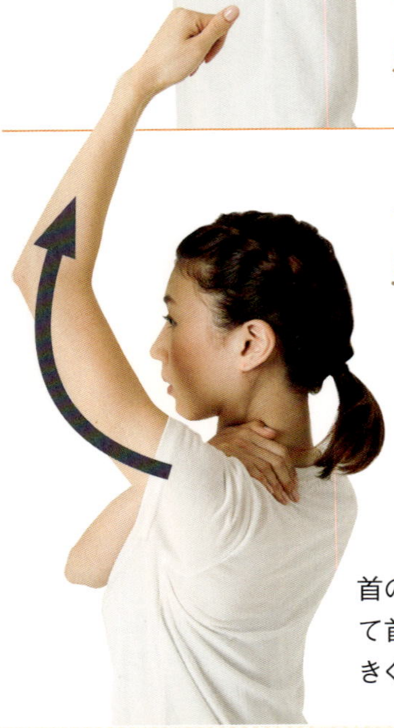

ゆっくり大きく動かすというのが筋膜アプローチの基本的な考え方です。

次ページ以降で違うエクササイズを多く紹介していきますが、部位や方向が変わっても、基本的な手順は同じです。

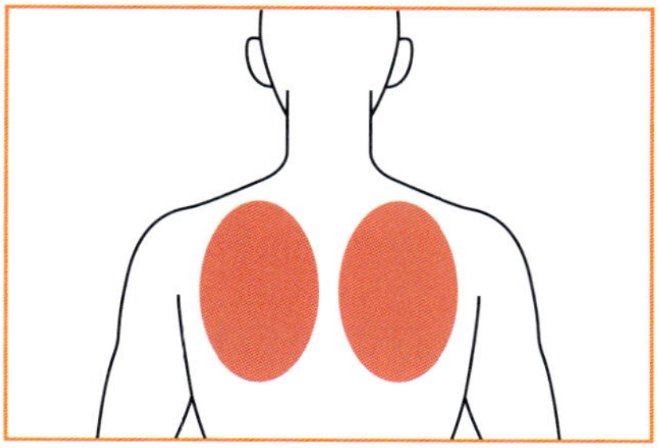

僧帽筋は手で押さえにくい筋肉なので、上図の場所にボール等を当て、体重を乗せて背中を大きく動かします。

ボールやフォームローラーに体重をかけて肩を大きく回します。

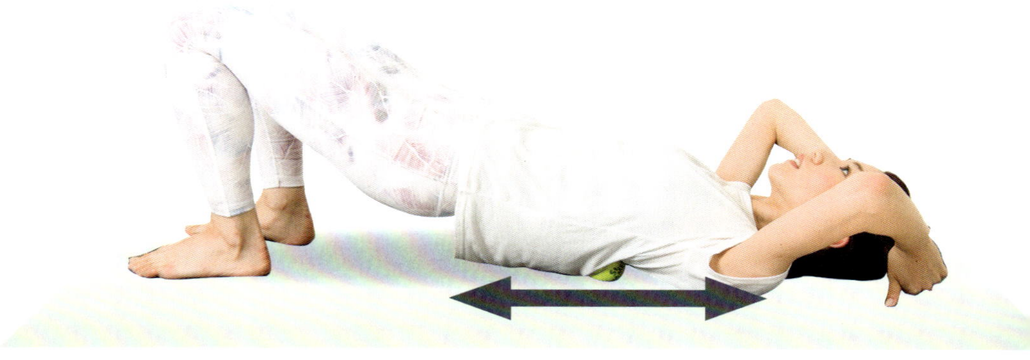

ボールやフォームローラーに体重をかけて体を前後にスライドします。

PART 2

肩（三角筋・前《ぜん》鋸《きょ》筋《きん》 大円筋）のストレッチ

こり固まる原因

- 長時間のデスクワーク
- 冷房で肩が冷える
- 投げる運動が多い
- スマホの見すぎ
- いつも同じ側で荷物を持つ

柔軟性を高めることで期待できる効果

- 首こり、肩こりの改善
- バレーで強いアタックを打てる
- テニスのサーブが速くなる
- 大きく腕を振って速く走れる
- 水泳のストロークが大きくなる

各筋肉の働き

三角筋は腕の動き全体をコントロールし、腕を前に出す、上げる、後ろに引く等の動きを助け、肩関節を安定させる働きがあります。

前鋸筋は腕を前に伸ばしたり、ものを押す働きがあります。

大円筋は腕を引き下げる働きがあります。

この部位がこり固まると、四十肩のような炎症を起こしやすくなります。

本パートで意識する主な筋肉

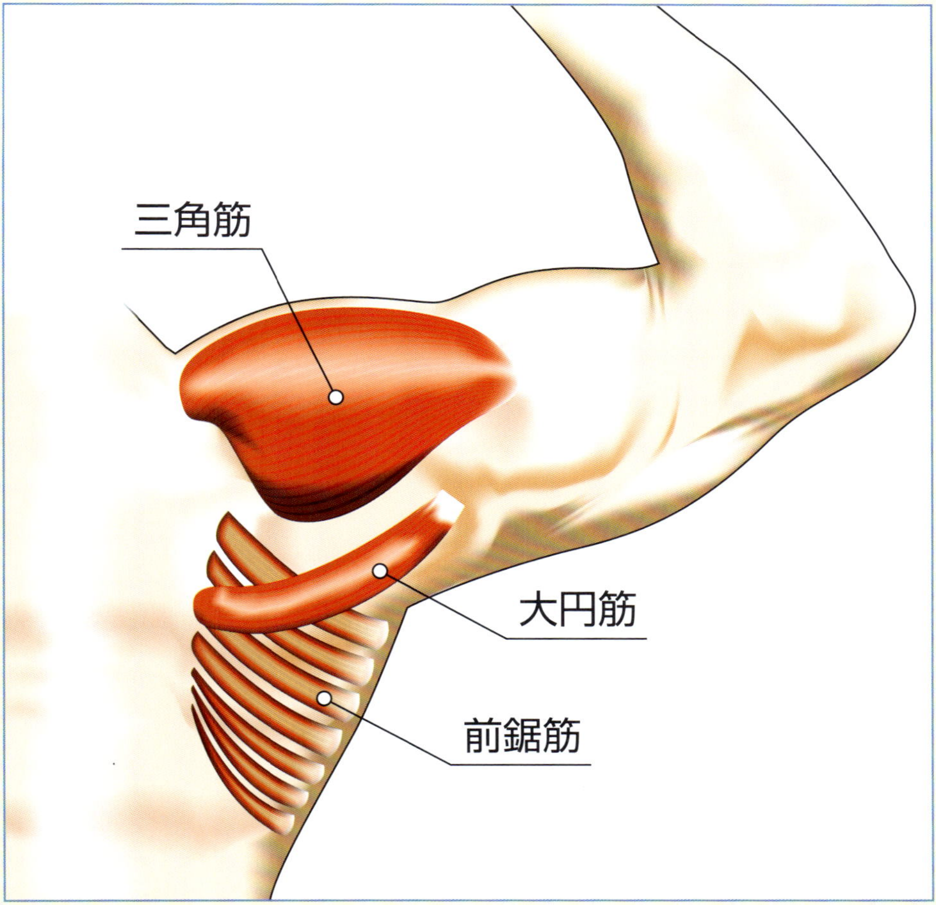

P40〜45で紹介しているストレッチ動画はこちら
https://hyper-body.com/s

肩のストレッチ

脳科学アプローチ

ひじが曲がっていると、
三角筋の伸びが弱くなります。

1

胸の前で伸ばした腕を引き寄せ、ブロックポイントで2秒間、肩の力で押し返します。

2

肩の力を脱力して、腕を引き寄せます。新しいブロックポイントから同じ動きを行います。これを3回繰り返します。

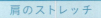

このエクササイズは腕の下の筋肉（上腕三頭筋）のストレッチにもなりますが、肩を下げる力で抵抗するように意識することで肩のストレッチになります。

本書では便宜上、部位別のエクササイズを紹介していますが、複数部位にまたがる動きがあります。このような場合、どこをストレッチするのかを意識することで伸びる部位が変わります。

1

頭の後ろでひじを引き寄せます。ブロックポイントで２秒間、肩を押し下げるように抵抗します。

2

肩の力を脱力して、ひじを引き寄せます。新しいブロックポイントから同じ動きを３回繰り返します。

柱など動かないものを握って、わきの下が伸びるように抵抗します。この時、腕の力を抜いて上腕などの筋肉を使わないように注意します。

腕を外旋（手のひらが正面を向くように腕をひねる）した状態で行うとより効果的です。

バリエーション

腕の高さを変えると、ストレッチされる部位が変わります。

［ 上げた場合 ］

［ 下げた場合 ］

ペアで

補助者は背中をひざで固定し、頭の後ろで組んだひじを開きます。それに対して抵抗、脱力を繰り返します。

2

1

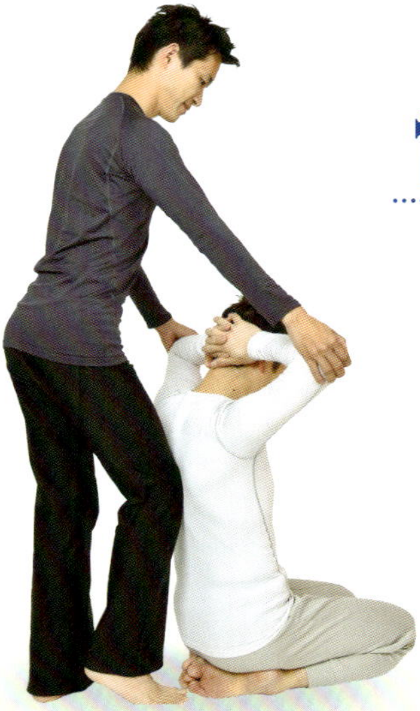

2

1

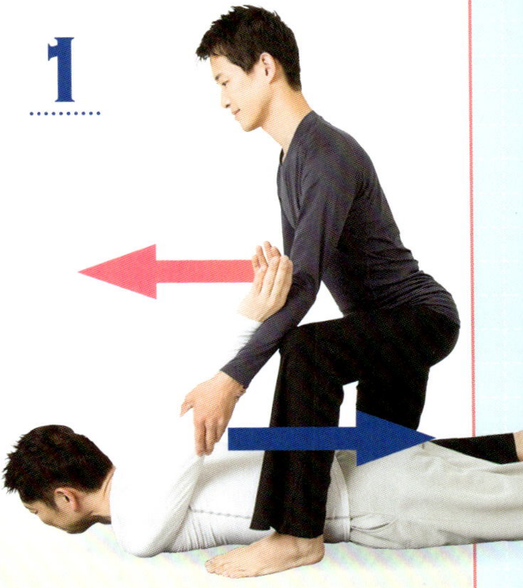

腕を後ろに上げる動きは1人では行いづらいので、補助者にお願いするといいでしょう。

肩のストレッチ

筋膜アプローチ

各 30秒

背中側のわきの下(大円筋) をつかみ、
ゆっくり腕を回します。

1

2

肩の外側（三角筋）
を強くつかみ、
腕を前後に動かします。

肩の外側を圧迫して、
体を上下に動かしたり、
前後に倒します。

わきの下を圧迫して、
胸側と背中側に体を倒します。

腕を上げて大きく回します。

ペアで

補助者が上から押さえて
体を前後に揺らします。

PART 3

腕（上腕二頭筋・上腕三頭筋 腕橈骨筋《わんとうこつきん》）のストレッチ

こり固まる原因

- 長時間のデスクワーク
- バッグをひじにかける
- テニスのような腕を振る運動
- 荷物を持つ機会が多い
- 指先を使う仕事が多い

柔軟性を高めることで期待できる効果

- 卓球のスマッシュが速くなる
- 肩こりの解消
- ボールを速く遠くへ投げられる
- 柔道で相手を速く引き寄られせる
- 四十肩、五十肩の改善

各筋肉の働き

上腕二頭筋はひじを曲げ、上腕三頭筋はひじを伸ばす働きがあり腕立て伏せ等で使われます。

腕橈骨筋はひじを曲げたり、前腕をひねる働きがあります。

この部位がこり固まると、肩が上がりにくい、ひじが伸ばしにくいなどの症状を起こしやすくなります。

本パートで意識する主な筋肉

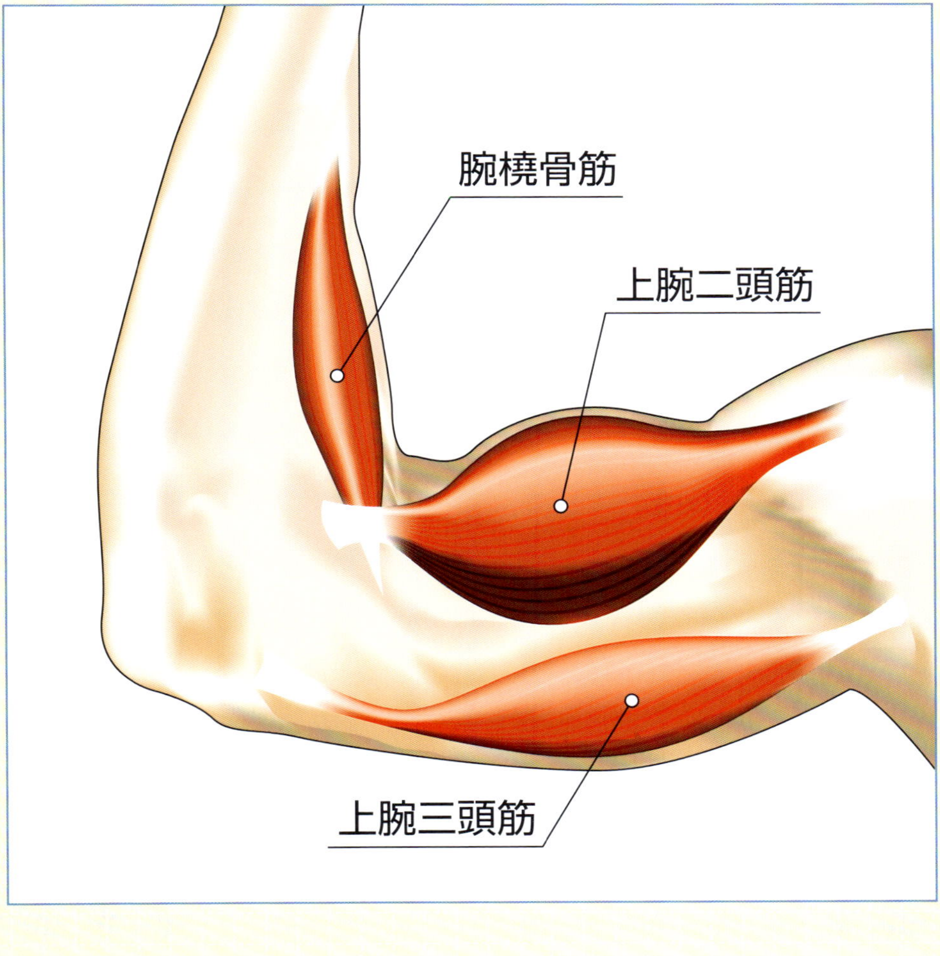

P48〜53で紹介している
ストレッチ動画はこちら
https://hyper-body.com/a

脳科学アプローチ

1

腕を伸ばして指先を引き寄せます。上腕二頭筋から前腕の力で2秒抵抗します。

2秒抵抗

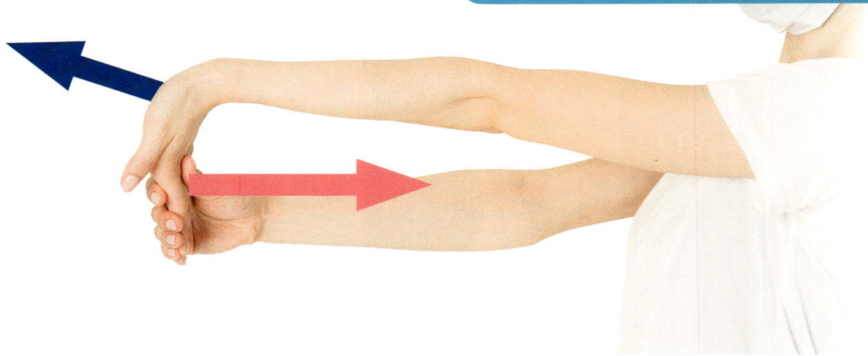

2

伸ばした腕を脱力します。
3回繰り返します。

2秒脱力

1

イス等にひじを乗せ、ひじを起点に体を持ち上げます（上腕三頭筋に力が入るのを感じます）。

2

一気に脱力し、上体の重みで肩を沈めます。3回繰り返します。

バリエーション

ひじを曲げて手首を引き寄せると、前腕、手首に特化したストレッチになります。

下の腕を固定し、ゴムバンドを「２秒引っ張って、脱力」を繰り返します。少しずつバンドを短くしていきます。

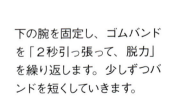

ペアで

P49のエクササイズで補助者は肩甲骨の間を軽く押さえて負荷をかけ、脱力に合わせて下に押してあげます。

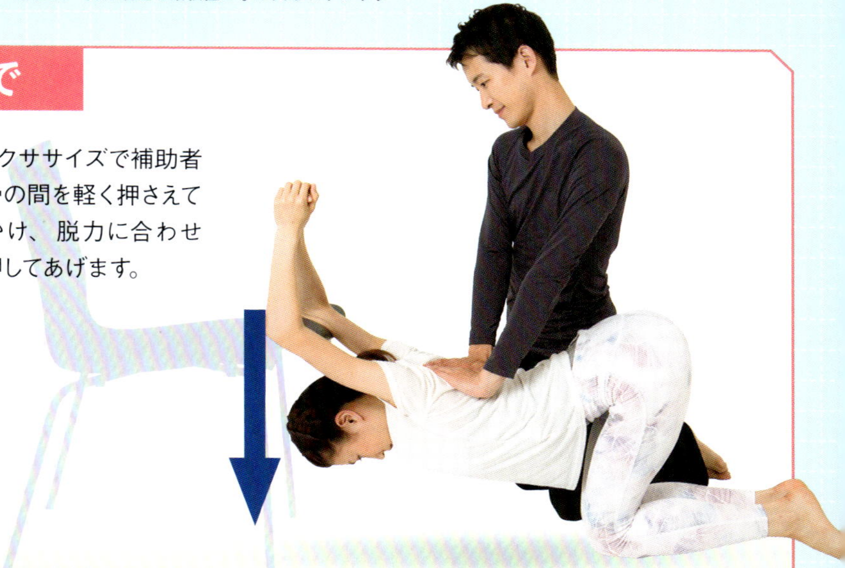

2

1

P41で紹介した肩のエクササイズと姿勢は同じですが、横に向かって抵抗することで上腕三頭筋のストレッチになります。

筋膜アプローチ

各30秒

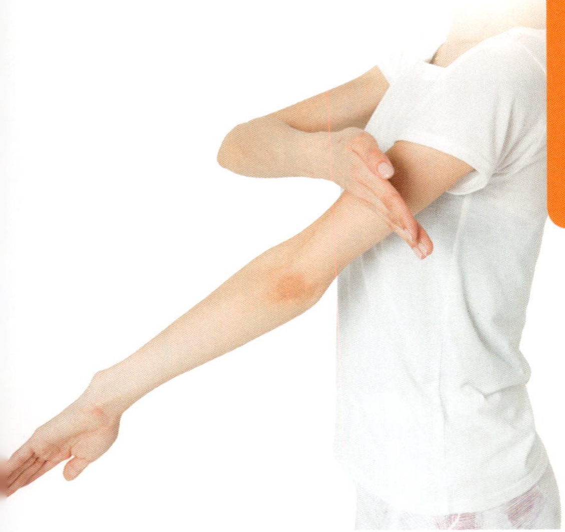

チョップで腕の外側をゆるめます。

前腕を握ってひじから先をくるくる回したり、手を握ったり開いたりします。

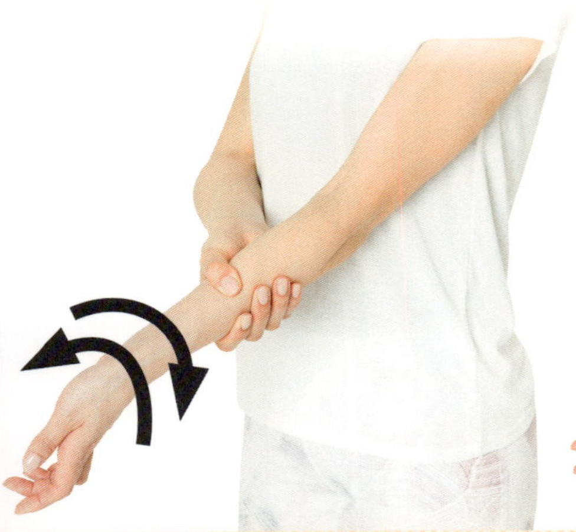

チョップで腕の前面をゆるめます。

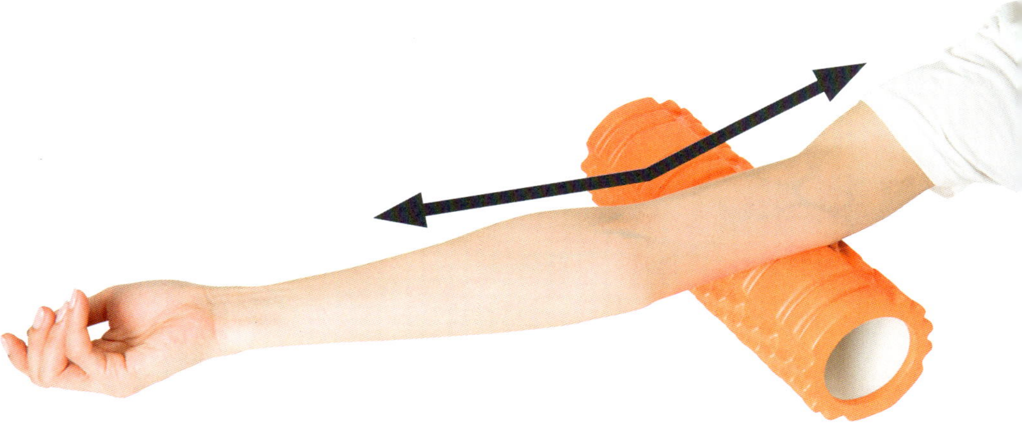

フォームローラーに腕を乗せ、前後に動かします。
上腕だけでなく前腕部までゆるめます。
反対の手で上から押さえて負荷をかけてもいいでしょう。

1

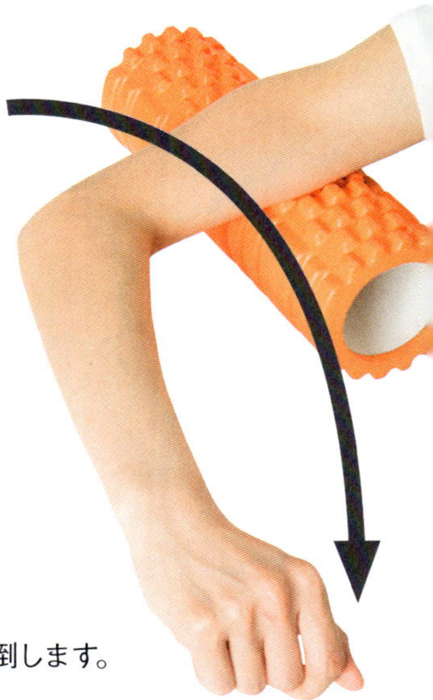

2

ひじを曲げ、左右に倒します。

PART 4

背中（広背筋 脊柱起立筋）のストレッチ

こり固まる原因

- 長時間のデスクワーク
- 同じ側の肩や腕で荷物を持つ
- 足を組んで座る
- 猫背
- だらりと座る

柔軟性を高めることで期待できる効果

- **水泳のストロークが大きくなる**
- **ボートを漕ぐ力が増す**
- **姿勢が良くなる**
- **猫背の解消**
- **肩こり、腰痛の改善**

各筋肉の働き

広背筋は肩関節の動きをコントロールし、腕を下や後ろに引く働きがあります。

脊柱起立筋は脊柱を安定化させ、姿勢を保持するほか、上体を後ろに反らす働きがあります。

この部位がこり固まると、巻き肩、猫背、腰痛、肩こり等につながりやすくなります。

本パートで意識する主な筋肉

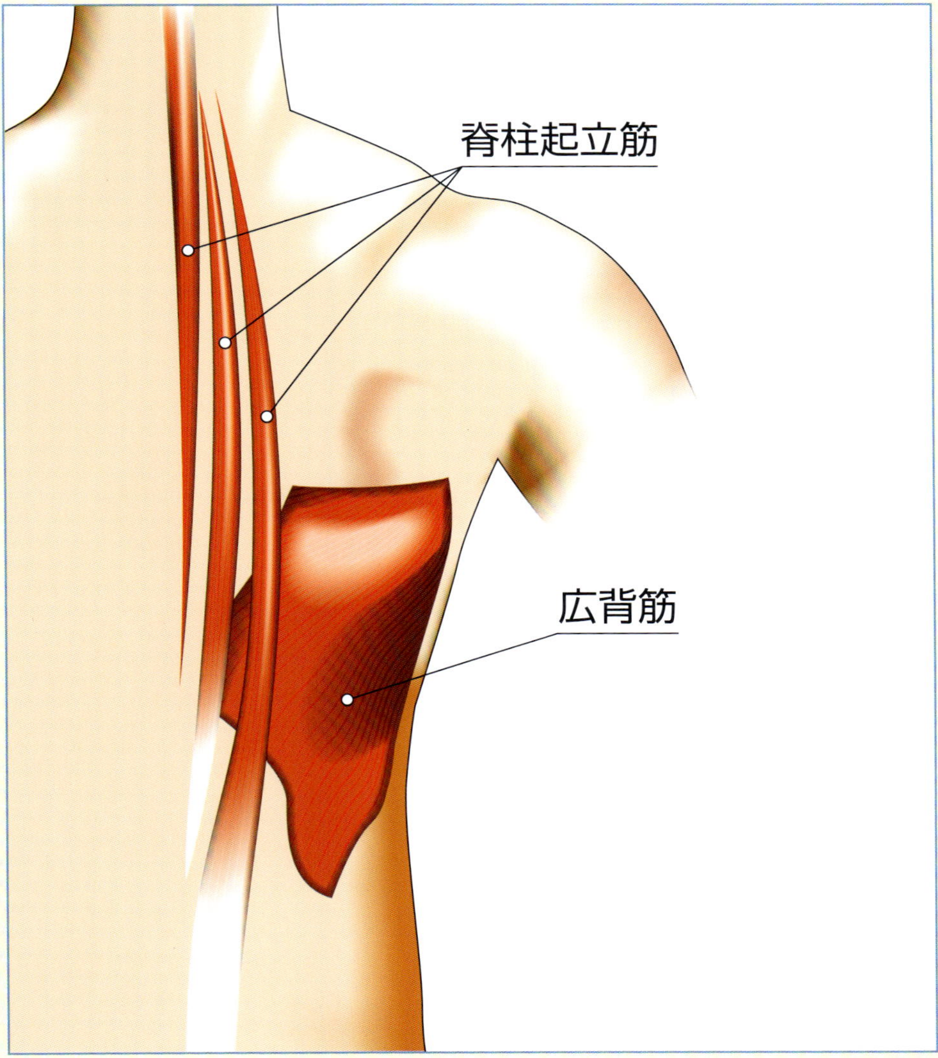

P56〜61で紹介している
ストレッチ動画はこちら
https://hyper-body.com/b

脳科学アプローチ

START

足は地面をしっかり踏みます。足が浮くと腰も浮き上がり、効果が半減します。

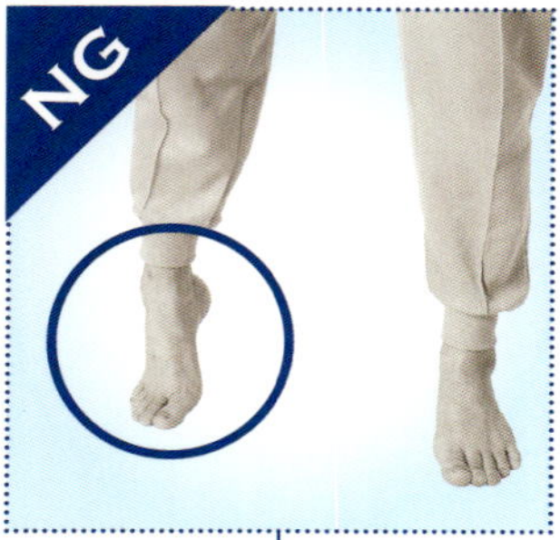

1

背中を自然に後ろに倒し、可動域を確認します。

2

手首を持って斜め前に引っ張ることで広背筋を伸ばします。腕の力ではなく、背中の力で抵抗します。

UP

手首を持って腕を内旋させる（手のひらを正面に向ける）と、背中のストレッチ効果がアップします。

GOAL

4

反対側も同じように行ったら、改めて背中を後ろに倒して効果を確認します。

3

背中を脱力すると、少し斜め前へ伸びます。**2**、**3**を3回繰り返します。反対側も同じように行います。

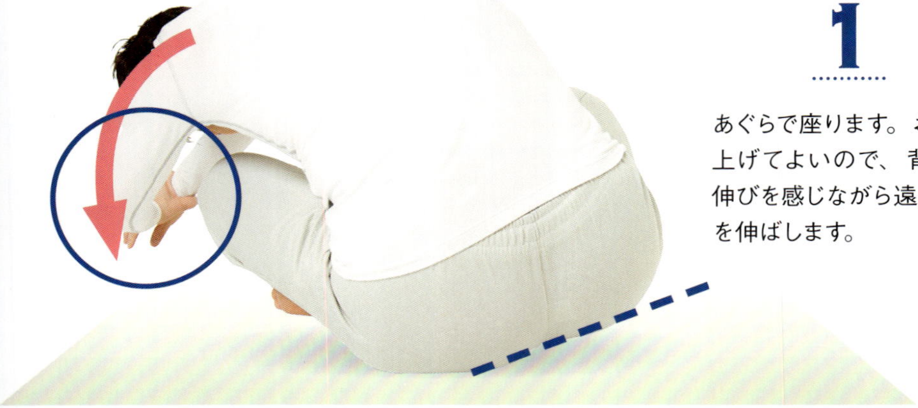

1

あぐらで座ります。お尻を上げてよいので、背中に伸びを感じながら遠くへ手を伸ばします。

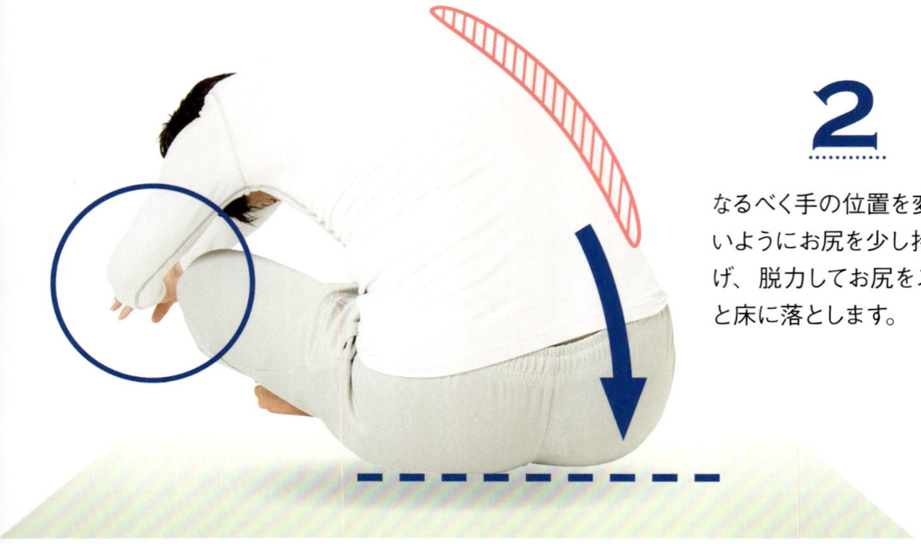

2

なるべく手の位置を変えないようにお尻を少し持ち上げ、脱力してお尻をストンと床に落とします。

ペアで

1

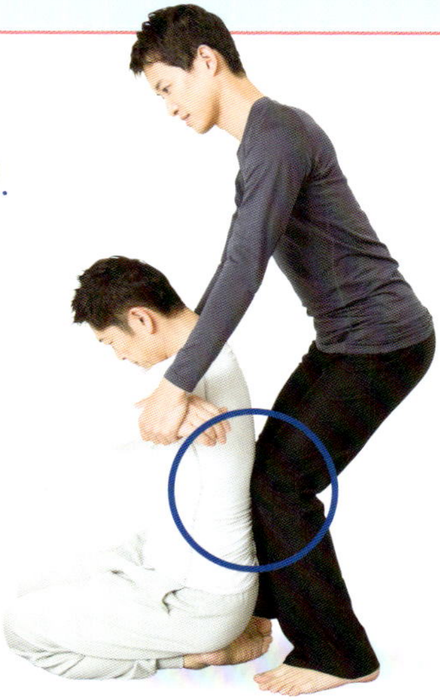

2

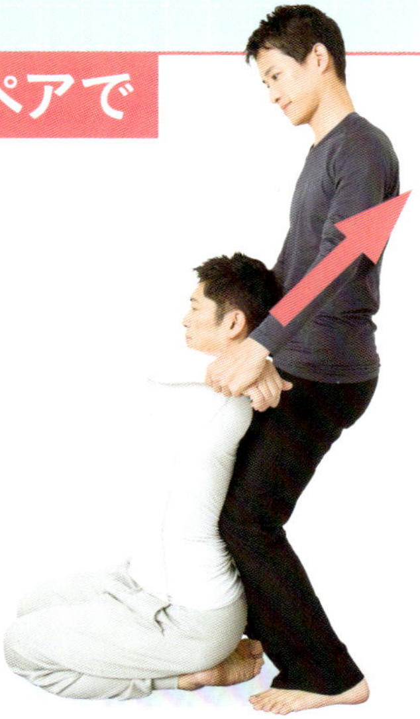

腕をクロスした状態で、補助者は後ろから手首を持ってひじを引き寄せ、ひざで背中をブロックします。この体勢では腕の力が使えないため、背中の力だけで抵抗することになります。

1

2

補助者に肩甲骨の下あたりを床に向かって押さえてもらい、背中の力で抵抗、脱力を繰り返します。

背中のストレッチ

筋膜アプローチ

腰の下にフォームローラーを置き、
腰を左右に揺らします。

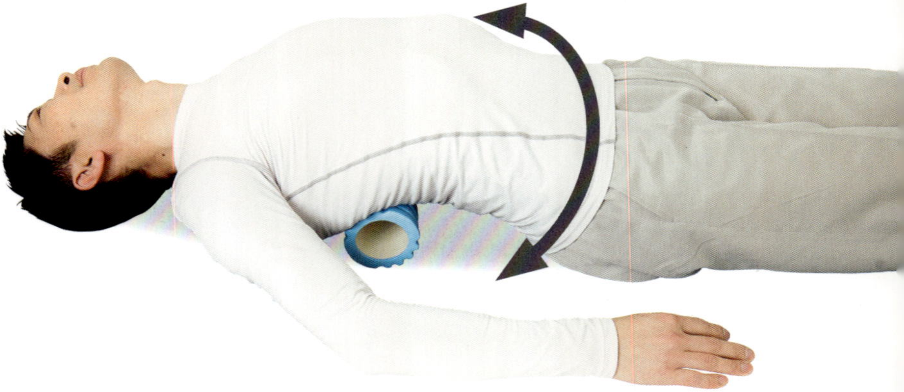

腕を頭の方に上げると、
よりストレッチされます。

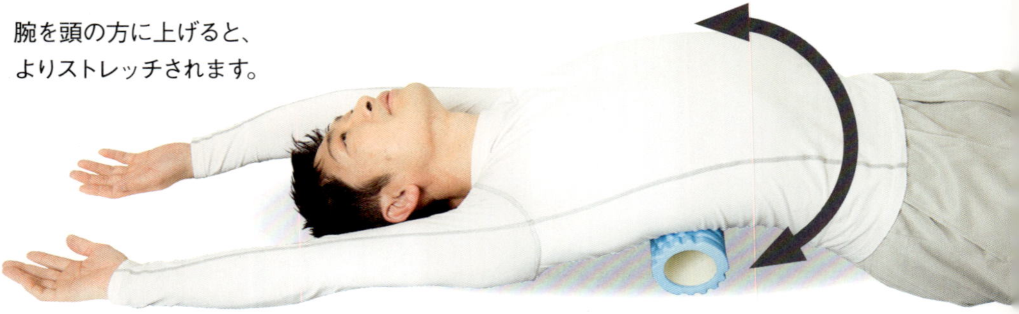

フォームローラーの位置を変えながら、
まんべんなくゆるめます。

ひざで体をコントロールし、腰から首のあたりまで幅広くゆるめます。

ひざを立てて左右に倒します。

腕を大きく回すことで肩甲骨を動かします。

PART 5

体側部（腹斜筋）のストレッチ

こり固まる原因

- 運動不足
- 猫背
- 強い腹筋運動
- 長時間のデスクワーク
- かがんだ姿勢での仕事

柔軟性を高めることで期待できる効果

- ウエストのくびれができる
- 腰痛の改善
- 体を横に倒しやすくなる
- サッカー等で動きにキレが出る
- 体がひねりやすくなる

各筋肉の働き

腹斜筋は体幹部を前や横に倒したりひねったりするほか、腹圧を高め、腹部の内臓を守る働きがあります。

腹直筋と連動してうつ伏せから上体を起こすときにも働きます。

この部位がこり固まると、猫背、腰痛につながりやすくなります。

本パートで意識する主な筋肉

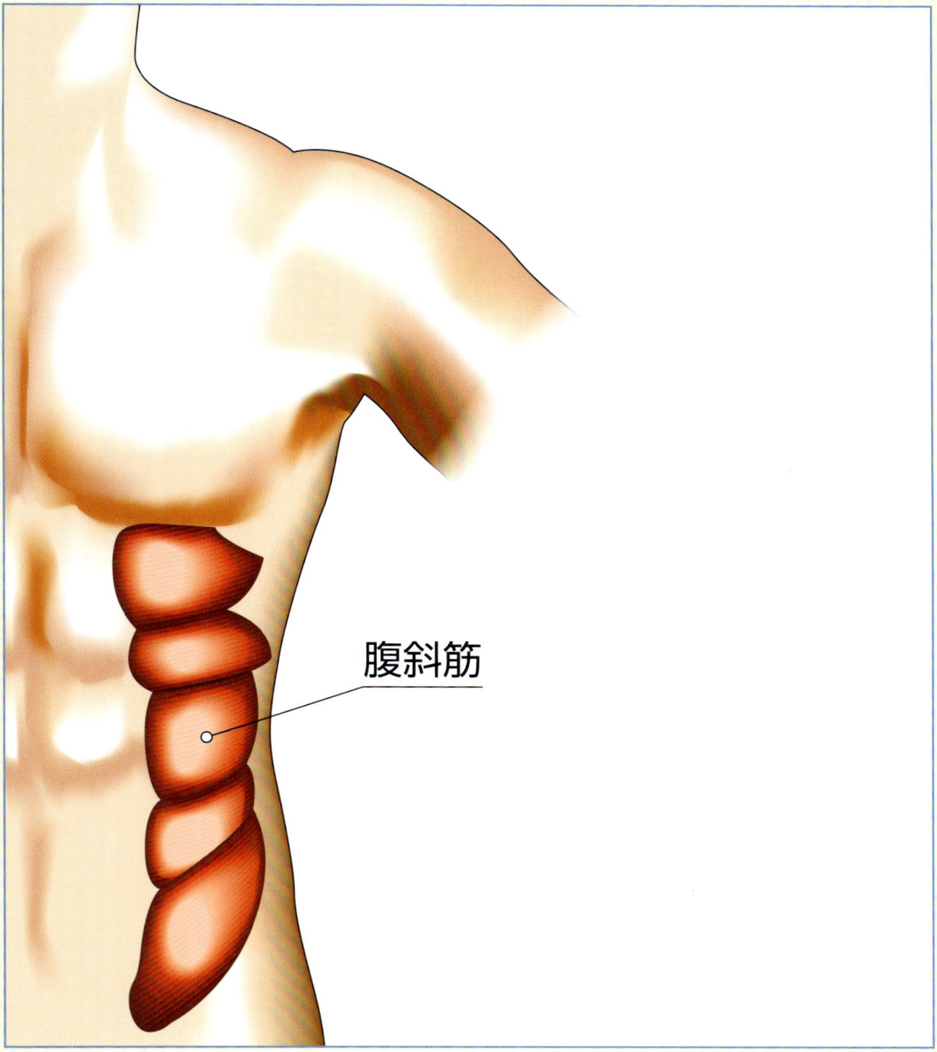

P64〜69で紹介している
ストレッチ動画はこちら
https://hyper-body.com/w

体側部のストレッチ

脳科学アプローチ

START

1

自然に上体を横に倒し、止まったところからスタート。

2

ひじを持って横に体を倒すと同時に、それに抵抗して下に力をかけます。

体が真横に倒れるように意識します。前傾になると体側部ではなく、主に背中のストレッチになります。

GOAL

2秒
脱力

4

2、**3**を3回繰り返したら改めて上体を横に倒し、効果を確認します。左右に倒して比べてみると、エクササイズの効果が実感できます。

3

体側部を脱力し、
さらに横に引きます。

1

2秒間、斜め上に伸びます。

2

脱力します。

DOWN

上体が不安定になってしまう
場合は、手で支えます。

柱等につかまって体側部を伸ばします。腕に力が入らないように腰の力で引っ張るような意識で行います。

ペアで

補助者はひざと肩を開くように押し、それに対してわき腹を縮めるように抵抗します。

ひざをクロスさせて、絡ませるようにするとストレッチ効果がアップします。

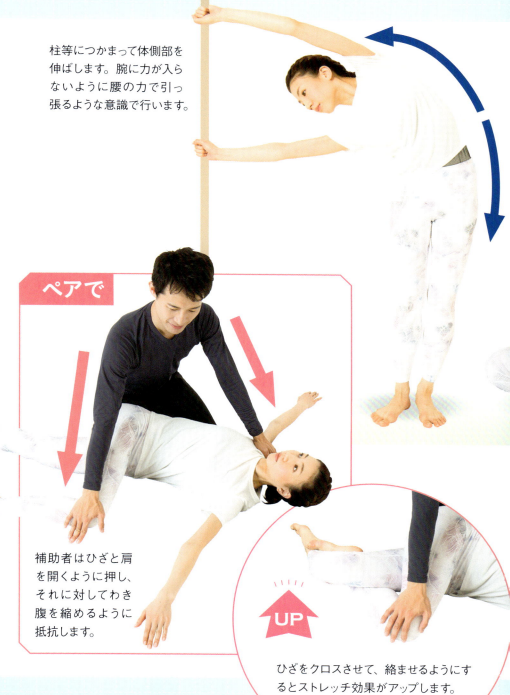

体側部のストレッチ

筋膜アプローチ

各30秒

肋骨《ろっこつ》と筋肉を引きはがすイメージで
指の腹を使ってゆるめます。

1

わきから腰骨までフォームローラーの位置を少しずつ変えながら体を預けます。

2

1

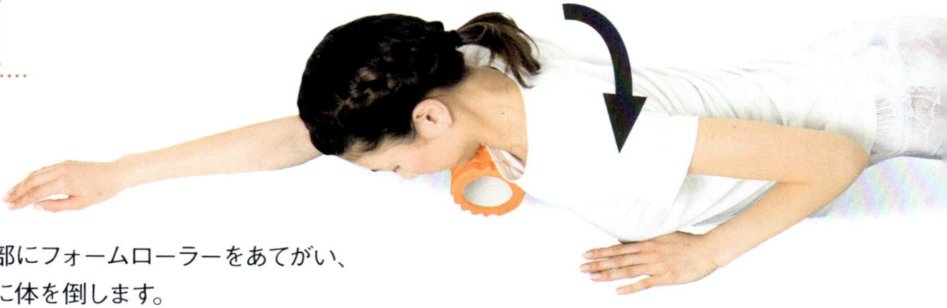

体側部にフォームローラーをあてがい、
胸側に体を倒します。

2

背中側に体を
倒します。

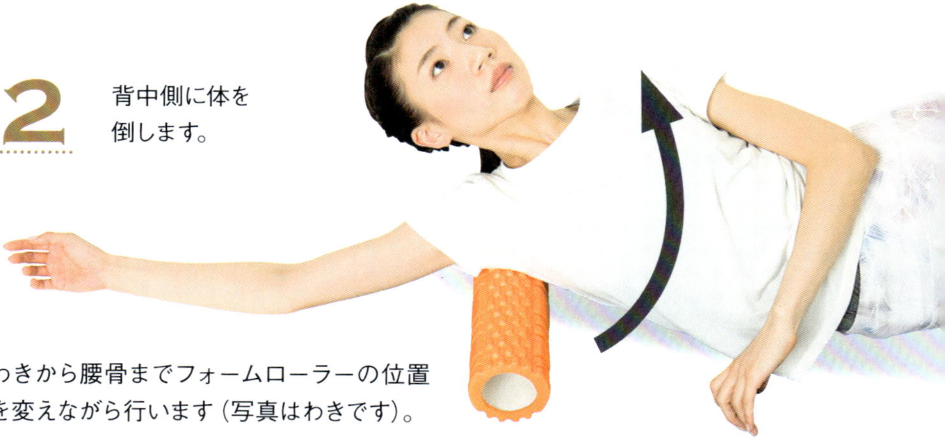

わきから腰骨までフォームローラーの位置
を変えながら行います（写真はわきです）。

ペアで

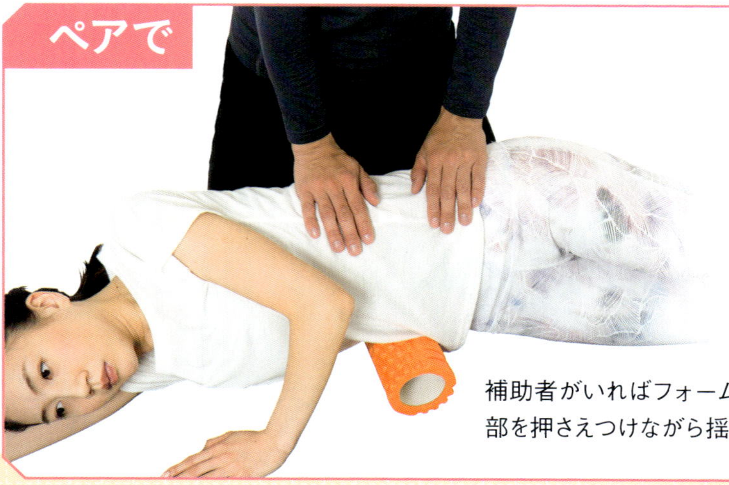

補助者がいればフォームローラーに体側
部を押さえつけながら揺らしてもらいます。

PART 6

胸（大胸筋）のストレッチ

こり固まる原因

- 運動不足
- 長時間のデスクワーク
- スマホの見すぎ
- 猫背

柔軟性を高めることで期待できる効果

- 猫背の解消
- 姿勢が良くなる
- 肩こりの改善
- ボールを速く遠くへ投げられる
- バレーで強いアタックを打てる

各筋肉の働き

大胸筋は腕を前に押し出したり、内側に回旋させる働きがあります。腕立て伏せや懸垂運動の際に働きます。

この部位がこり固まると、肩が内側に入りやすく猫背になります。

本パートで意識する主な筋肉

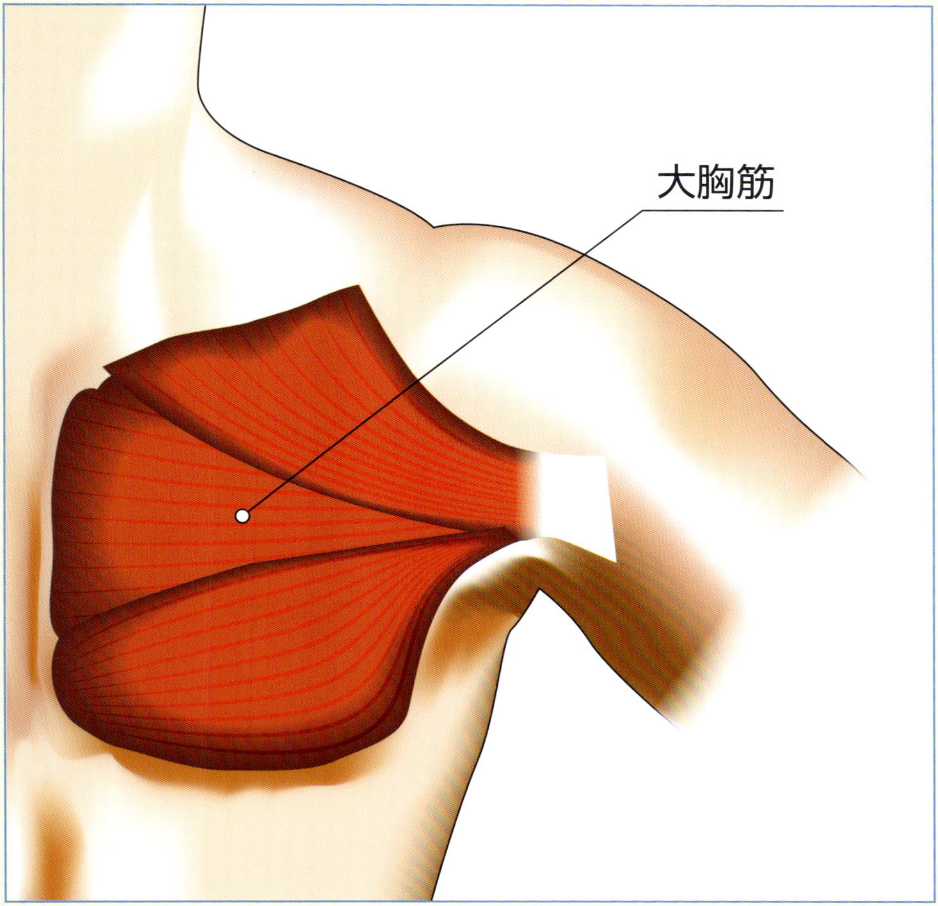

P72〜77で紹介している
ストレッチ動画はこちら
https://hyper-body.com/c

脳科学アプローチ

立って行う場合

2秒
抵抗

1

指先から肩までを壁に当てて胸を開きます。他方の手は壁を押し、壁側の胸の力で抵抗します。

2秒
脱力

POINT!

目線は壁の反対側を見るようにすると、より伸びます。

2

胸だけを脱力します。
3回繰り返します。

横になって行う場合

1

曲げた腕の手で床を支え、体を起こすように力を入れ、胸は体を倒すように力を入れて抵抗します。

2

胸だけを脱力すると胸がぐっと前に出る実感を得られます。

バリエーション

腕の高さを変えるとストレッチされる部位が変わります。

[腕を下げた場合]

大胸筋の上部

[腕を上げた場合]

大胸筋の下部

柱等を使うと行いやすいです。

ドア枠等を使うと両側同時に行うことができます。スポーツジムであればマシンの支柱も利用できます。

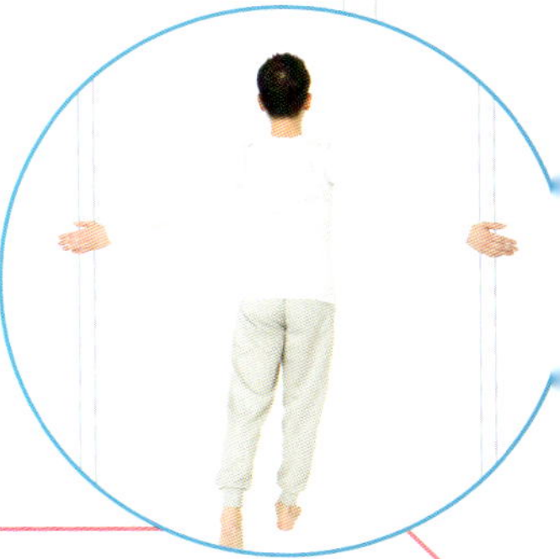

ペアで

1

補助者は後ろに立ち、ひざで背中を固定して腕を開くように力をかけます。

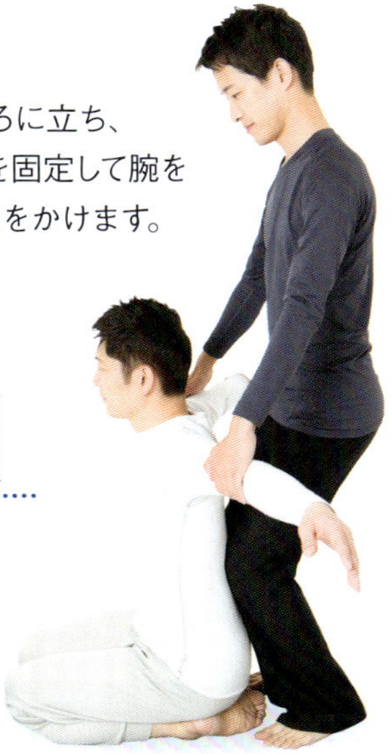

2

2秒抵抗して、脱力します。

筋膜アプローチ

各30秒

大胸筋と骨が付着する部分（腕の付け根、鎖骨の下、胸の真ん中）でこりを感じる部分を手やボール等でゆるめます。

鎖骨の下

腕の付け根

胸の真ん中
（大胸筋と肋骨の付着部分）

フォームローラーの当て方は3種類

〈 腕の付け根 〉　〈 胸の真ん中 〉　〈 鎖骨の下 〉

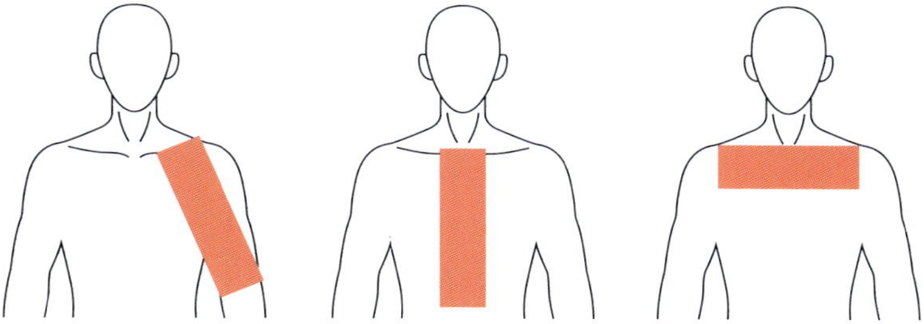

フォームローラーの当たる位置を変えながら全体をゆるめます。

体を揺らしたり、弧を描くように
腕を動かします。

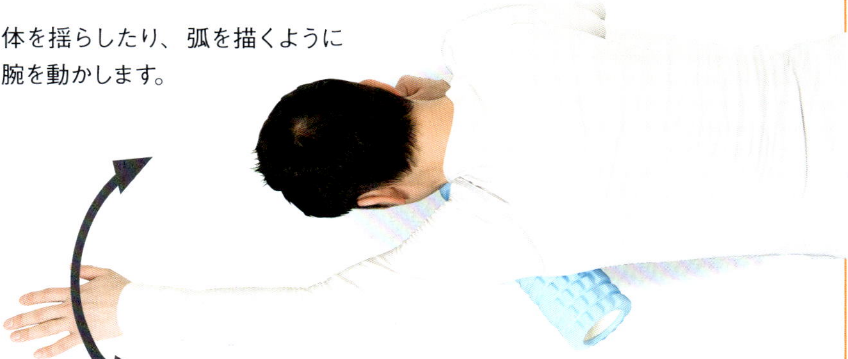

腕を上げて大きく回します。

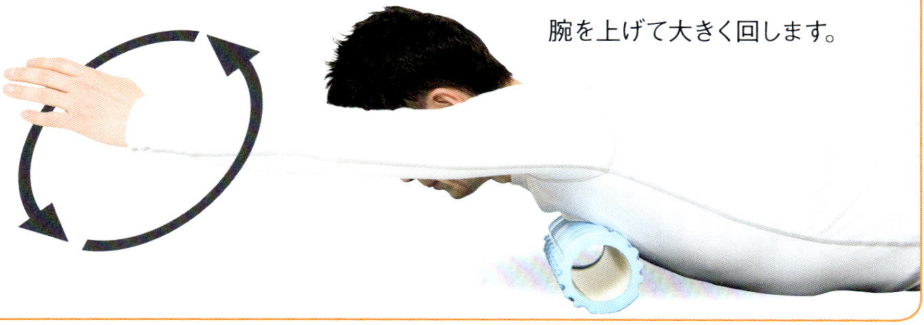

PART 7 もも前側（大腿四頭筋 腸腰筋）のストレッチ

こり固まる原因

- 運動不足
- 運動のしすぎ
- ひざが曲がった姿勢
- 立ち仕事

柔軟性を高めることで期待できる効果

- 腰痛の改善
- ひざが伸び、下半身が安定する
- ランニングの歩幅が広がる
- 足を高く振り上げられる
- ボールを遠くへ速く蹴れる

各筋肉の働き

大腿四頭筋は、ひざを伸ばす大きな筋肉で、立つ、歩くなど下半身運動の要です。

腸腰筋は足を前に振り出す働きに加え、骨盤を前傾させ姿勢を保持する働きがあります。

この部位がこり固まると、血行が悪くなり足のむくみや冷え性が起きやすくなります。

本パートで意識する主な筋肉

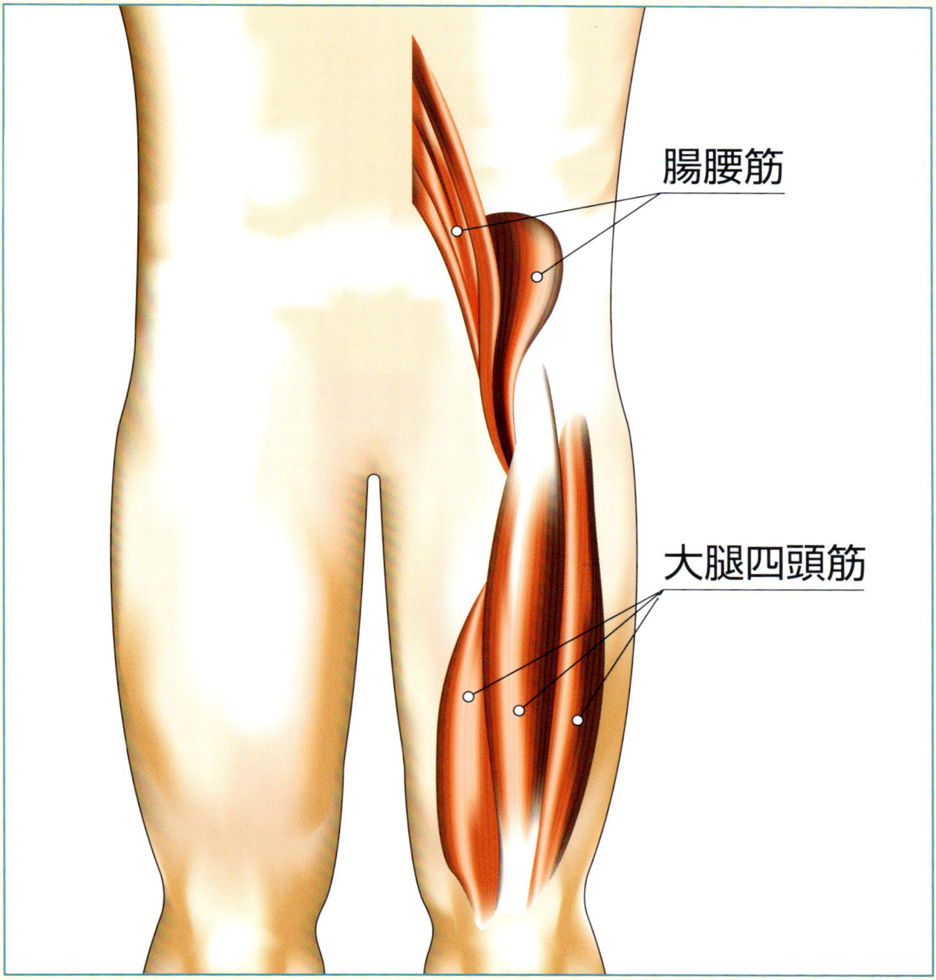

P80〜85で紹介している
ストレッチ動画はこちら
https://hyper-body.com/t

もも前側のストレッチ

脳科学アプローチ

床が硬い場合はひざ下にタオル等を置いてひざを保護します。

2秒
押す

1

足の付け根を伸ばして体を落とし、後ろ足のひざから下の部分で床を押し続けます。その作用で上半身が少し持ち上がるのを感じます。

2秒
脱力

2

全身を脱力します。上半身が沈み、後ろ足のひざ下が軽く浮き上がります。前足を少し前に出して、再度同じ動きを3回繰り返します。

足の付け根が曲がっていると、
もも前側はストレッチされません。

立てた足の方へ上体をひねって行うとよりストレッチが効きます。

1

片足を折り畳んで仰向けになります。

2

2秒
押す

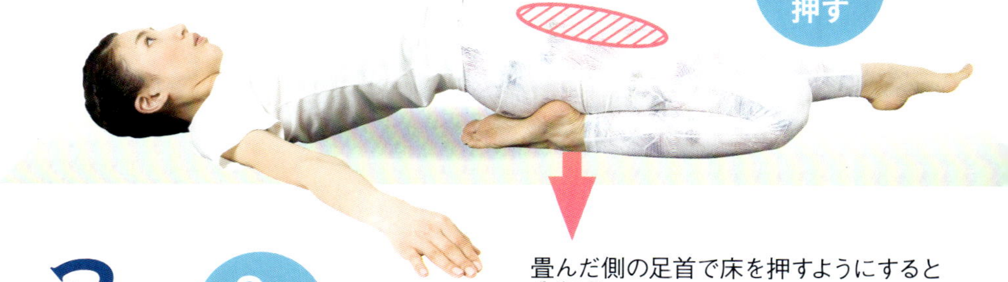

畳んだ側の足首で床を押すようにすると
鼠《そ》径《けい》部《ぶ》（ももの付け根付近）が
ストレッチされます。

3

2秒
脱力

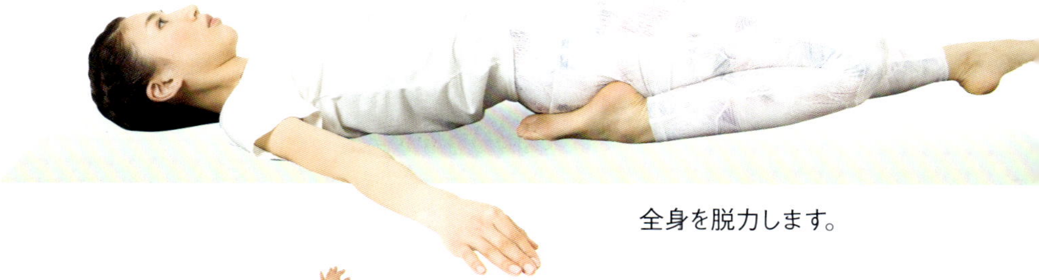

全身を脱力します。

できる人は両足同時に
折り曲げて行います。

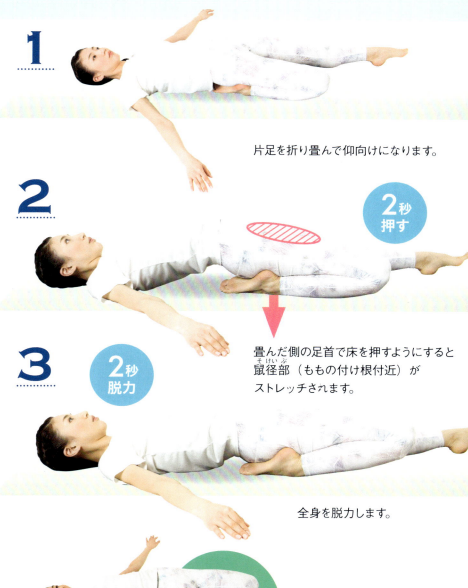

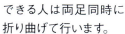

写真のようにひざ下を壁に立てかけてキック動作をします。P80の体勢よりも、 もも前側が強くストレッチされます。

1

後ろ足で壁を押します。その作用で上半身が少し持ち上がります。

2

脱力すると体が沈みます。前足を少し前に出して同じ動作を行います。

ペアで

補助者が上から肩を押して、
右ページのエクササイズを行います。

UP

足の付け根をやさしく踏むと、
さらにもも前側が伸びます。

もも前側のストレッチ

筋膜アプローチ

もも前側の筋肉をゆるめます。

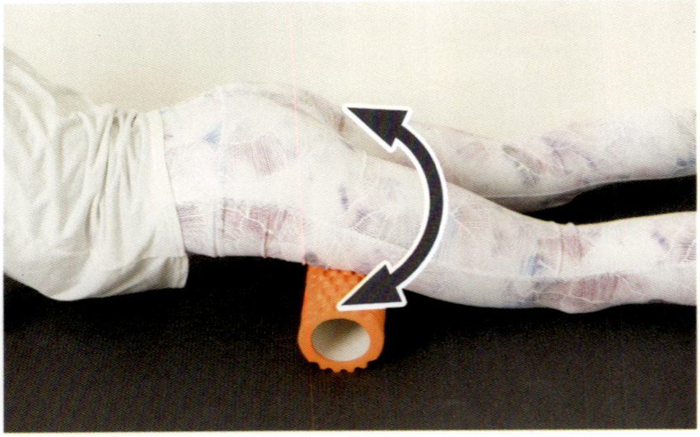

腕で体を支え、うつ伏せでフォームローラーに足を乗せたら足を左右に小さく揺らします。

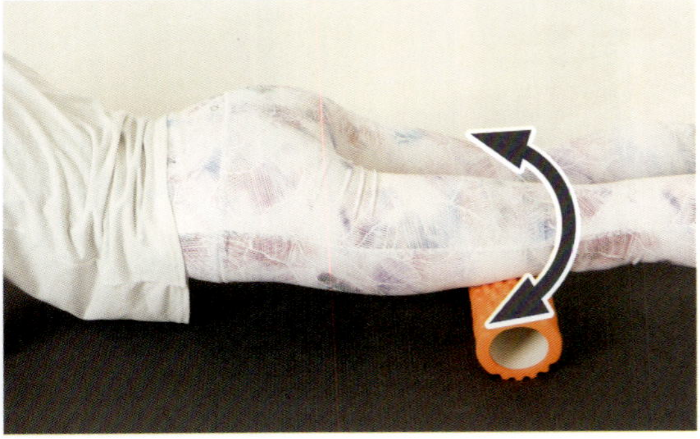

ひざ上から鼠径部までフォームローラーの位置を変えつつ、もも前側全体をゆるめます。

本書の内容が動画でご覧いただけます!

写真ではわかりにくい動きも動画でご覧頂けます。

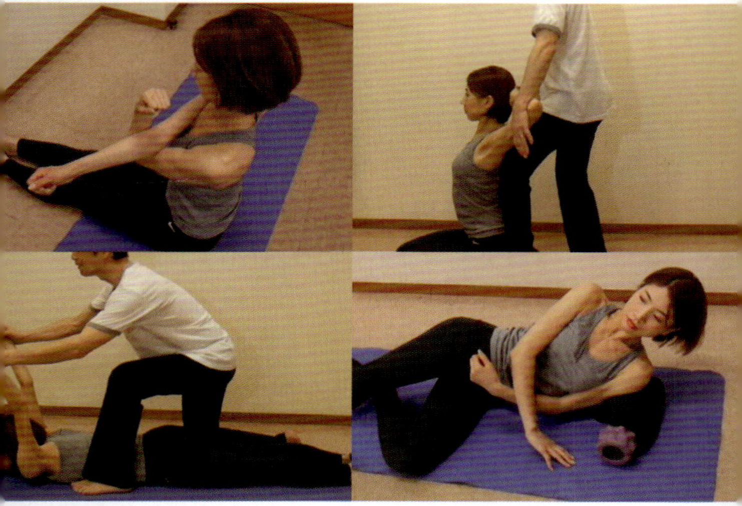

プレゼント付き
WEBアンケートもご用意しております

トレッチ＆自重トレーニング

Villa Body

「ビラボディ」で検索

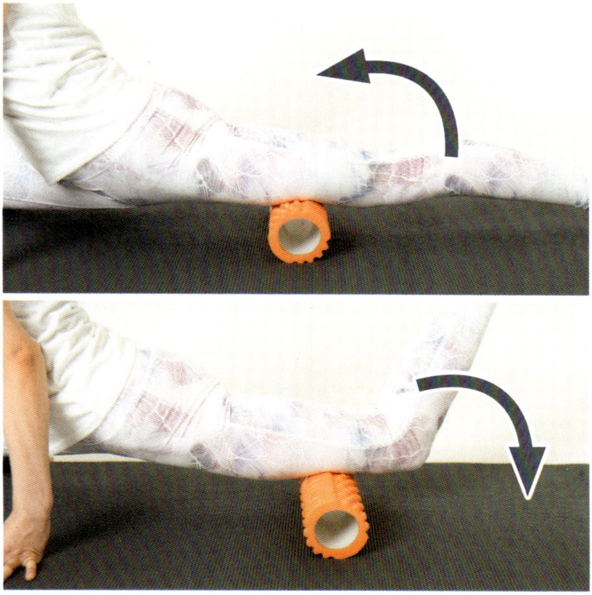

圧迫したまま、
ひざを曲げ伸ばします。

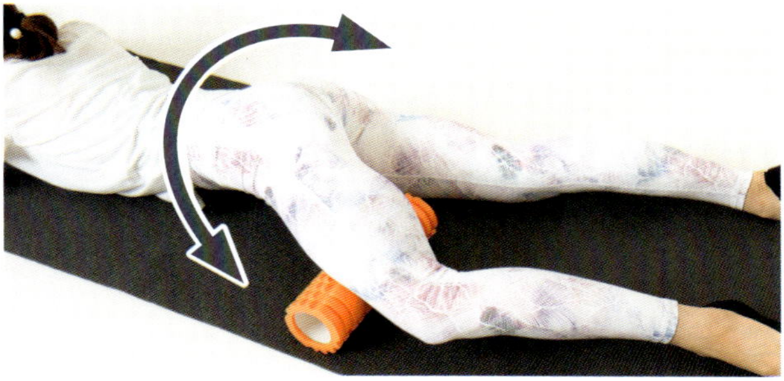

もも前側をフォームローラーに押し当て左右に体を倒します。

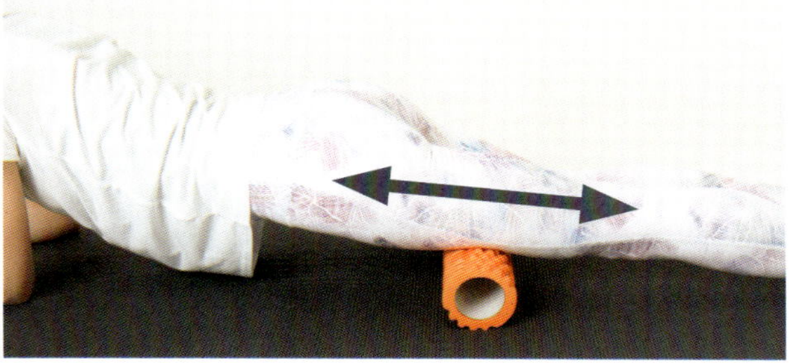

鼠径部〜ひざ上にかけて体を大きくグラインドさせます。腕を伸ばすと体をコントロールしやすくなります。

PART 8 もも裏側（ハムストリングス 大殿筋）のストレッチ

こり固まる原因

長時間のデスクワーク

立ち仕事

運動不足

運動のしすぎ

柔軟性を高めることで期待できる効果

立つ、座る動作がスムーズになる

ランニングの歩幅が大きくなる

高く飛べるようになる

坂道や階段を登るのが楽になる

各筋肉の働き

いずれも股関節、ひざ関節を伸ばす働きがあり、直立姿勢を維持したり、走ったり跳んだり、足を後ろに振り上げる役割があります。また、ひざを安定させたり曲げる働きもあります。

この部位がこり固まると、下半身太りや垂れ尻になりやすくなります。

本パートで意識する主な筋肉

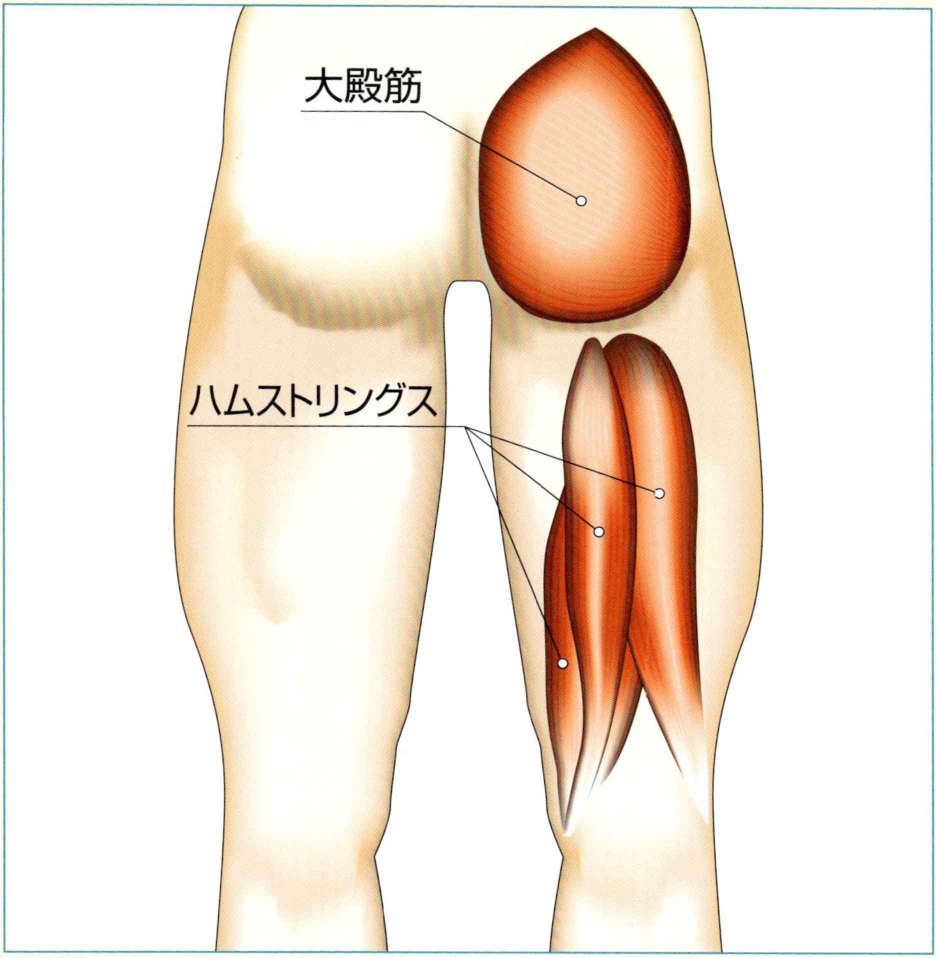

P88〜93で紹介している
ストレッチ動画はこちら
https://hyper-body.com/u

もも裏側のストレッチ

脳科学アプローチ

ひざが曲がると、もも裏側が伸びません。

1

2秒 抵抗

足首をつかんで上体に引き寄せ、
もも裏側の力で抵抗します。

2

もも裏側を脱力します。
3回繰り返します。

2秒 脱力

足首に手が届かない場合はゴムバンド等を足首に巻いて行います。

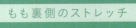

1

後ろ足のひざをついて前足のひざは伸ばします。上体を立てて前足のもも裏側の力で体を持ち上げます。

2

脱力すると体が沈みます。

柔軟性のある方はヨガブロックなど低い段差の補助具、もしくは補助具なしで行います。

バリエーション

ひざを曲げ、足を抱えるように持つと
大殿筋のストレッチになります。

手で足を引き寄せ、お尻の力で抵抗します。

ペアで

1

補助者は下の足が上がって
こないようにお尻を押さえ、
上の足を顔の方へ押します。

2

2秒抵抗して脱力します。
3回繰り返します。

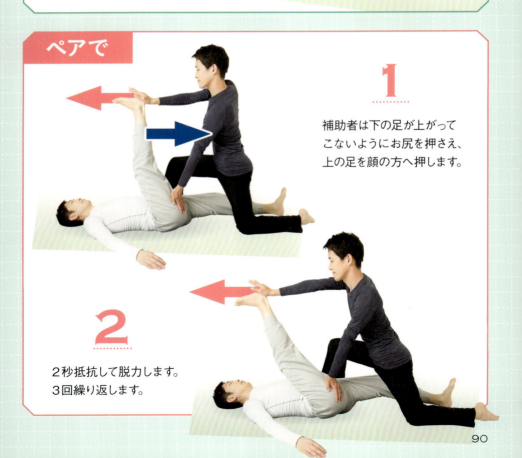

もも裏側のストレッチ

筋膜
アプローチ

足をフォームローラーに乗せ、
小さく揺らします。

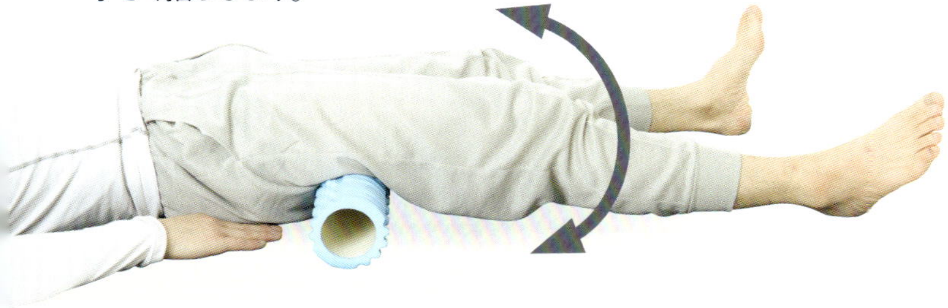

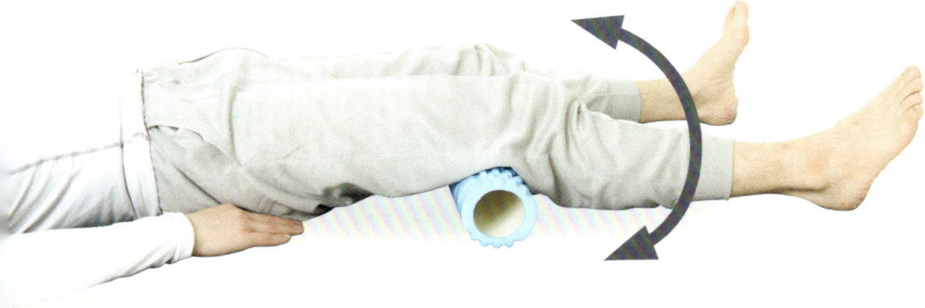

フォームローラー
の場所を変えなが
らゆるめます。

お尻のくぼみにボールを当てがい、体
を揺らします。ボールが1個だと痛い
場合、2個用いて左右のお尻のくぼみ
に当てがうと刺激が半減します。

筋膜アプローチ

お尻のくぼみは、多くの筋肉が集まる部位です。ボールで刺激することで多くの筋肉がゆるむため、足の動きが軽くなるのが感じられます。
足を上げたり、曲げ伸ばしすることで刺激が強まり、体表から遠い場所にある深層筋をゆるめることができます。

1

ボール側の足を上げます。

2

上げた足を曲げ伸ばします。

1

ボールと手で体重を支え、両足を上げます。

2

上げた両足を曲げ伸ばします。

ペアで

ひざでももの真ん中からお尻まで体重をかけてゆるめます。

P90下段の体勢では足の付け根からお尻にかけてのあたりが張るので、そこを補助者に押してもらいます。

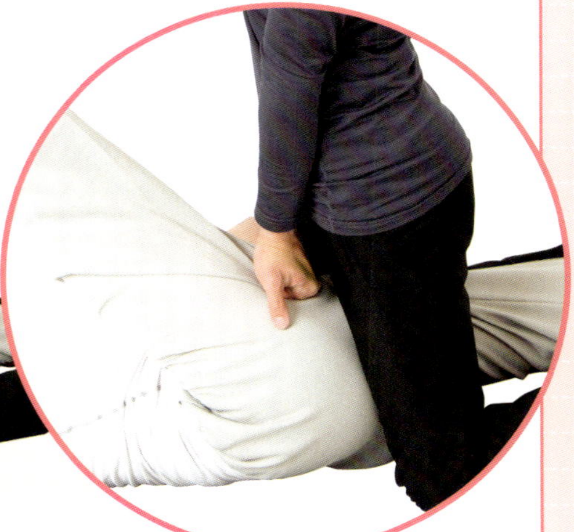

PART 9

もも外側（大腿筋膜張筋 中殿筋 外側広筋）のストレッチ

こり固まる原因

長時間のデスクワーク

立ち仕事

運動不足

運動のしすぎ

柔軟性を高めることで期待できる効果

横方向への動きがスムーズになる

ランニングの歩幅が広がる

スケートで横に蹴り出す力が増す

ボクシングのフットワークが軽くなる

各筋肉の働き

いずれも主に足を横に振り上げ、横に移動させる役割があります。また、骨盤を安定させ、片足で立つ姿勢を保持し、直立歩行を支えています。

この部位がこり固まると、O脚、腸脛靭帯炎《ちょうけいじんたいえん》、反り腰等になりやすくなります。

本パートで意識する主な筋肉

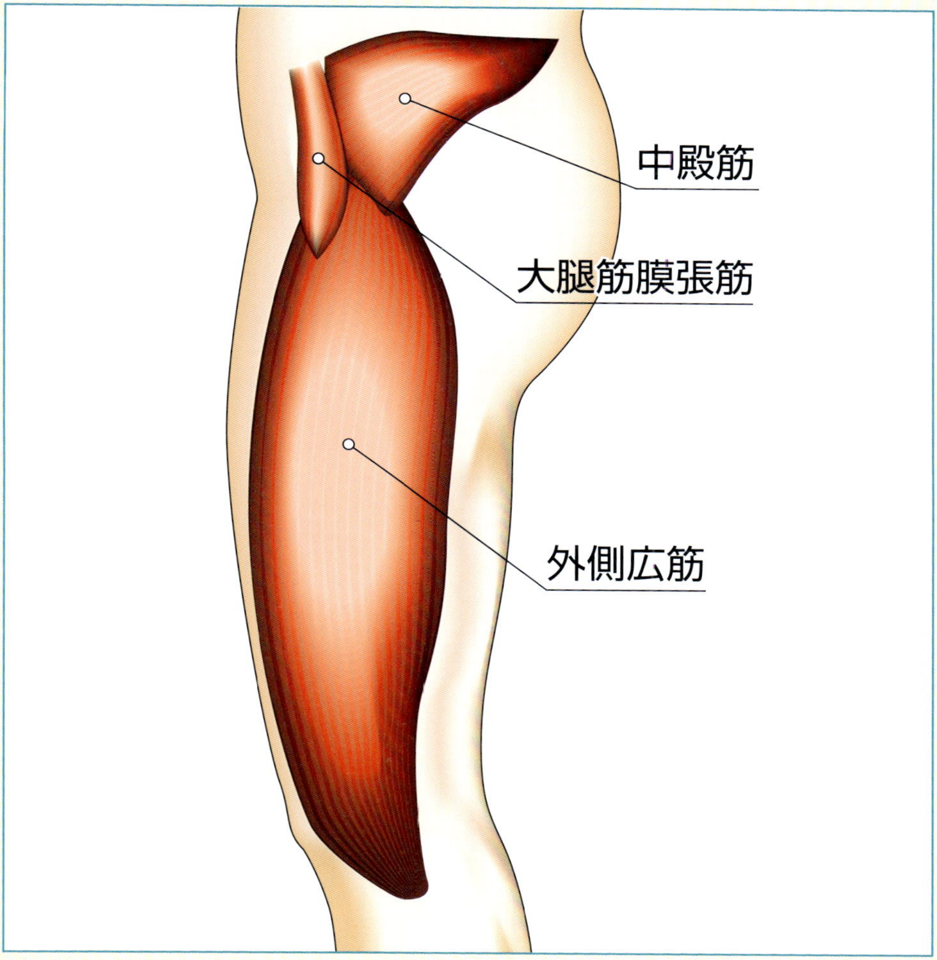

P96〜101で紹介している
ストレッチ動画はこちら
https://hyper-body.com/p

もも外側のストレッチ

脳科学アプローチ

NG

体が前に倒れてしまい、
もも外側のストレッチが弱くなっています。

1

2秒
引き上げ

腕を突っ張って体を支えます。
伸ばしている足の力で腰を持ち
上げます。

2

2秒
脱力

腰をストンと落とします。
3回繰り返します。

1

イス等の段差を利用して上体を立てます。中殿筋からももにかけてのカーブがきつくなるため、よりストレッチされます。伸ばしている足の力で腰を持ち上げます。

上体が倒れすぎて、もも外側に負荷がかかっていません。

2

腰をストンと落とします。
3回繰り返します。

1

補助者は腰骨とひざを押し広げるように力をかけます。それに抵抗して上の足を立てるように力を入れます。

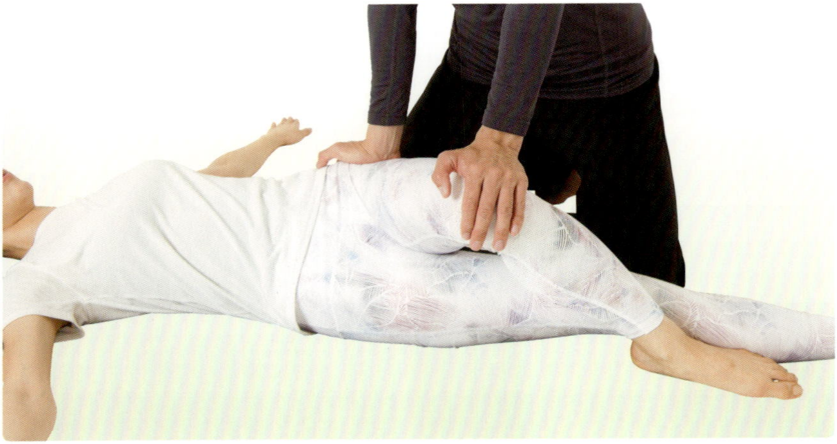

2

一気に脱力し、補助者はやさしく押します。

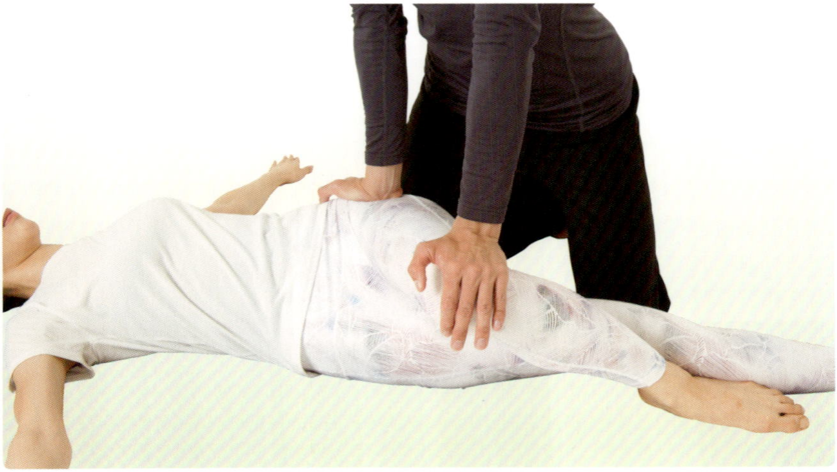

1

補助者はひざを内側に閉じるように力をかけます。それに抵抗して足を開きます。補助者は2秒で手を放します。

2

そのまま外に足を開きます。
同じ動きを3回繰り返します。

もも外側のストレッチ

筋膜アプローチ

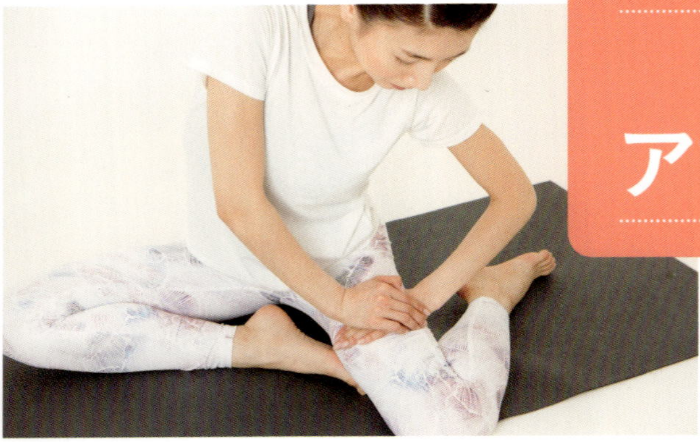

もも外側を手のひらで押してゆるめます。

マッサージスティックを使うと広い面積をゆるめることができます。

もも外側を下にしてフォームローラーに体重を預けます。

ペアで

補助者がフォームローラーに
もも外側を押し付けて揺らします。

補助者はお尻のくぼみにひじを
押し当ててゆるめます。

PART 10

もも内側（内転筋群）のストレッチ

こり固まる原因

- 長時間のデスクワーク
- 立ち仕事
- 運動不足
- 運動のしすぎ

柔軟性を高めることで期待できる効果

- **足を高く上げられる**
- **平泳ぎのキックが強く大きくなる**
- **乗馬で下半身が安定する**
- **サッカーの
インサイドキックの力が増す**

各筋肉の働き

内転筋群は、足を閉じたり内旋させて、横に移動する役割があります。骨盤を安定させるほか、もも同士を近づけて立位を維持する働きもあります。

この部位がこり固まると、O脚、骨盤のゆがみ、足のむくみ等が起きやすくなります。

本パートで意識する主な筋肉

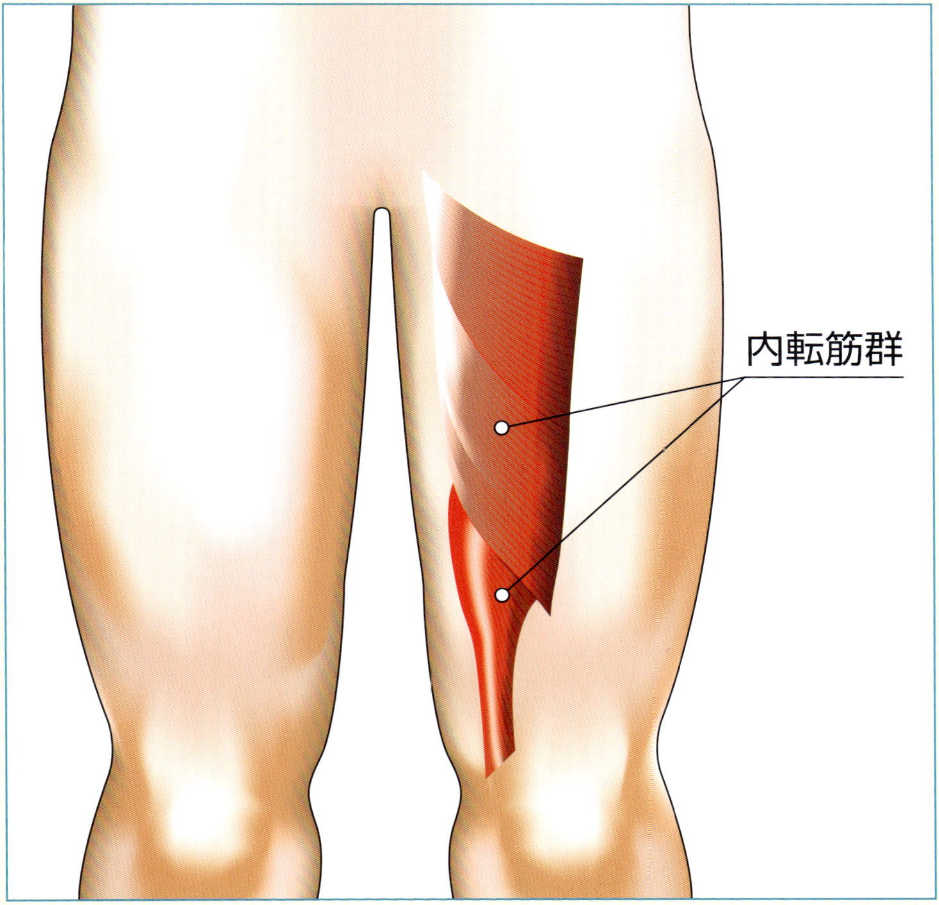

P104〜109で紹介している
ストレッチ動画はこちら
https://hyper-body.com/x

もも内側のストレッチ

脳科学 アプローチ

1

壁にお尻をつけて足を開きます。手を内ももに添えて足をさらに開きます。それに対して内転筋群で足を閉じるように抵抗します。

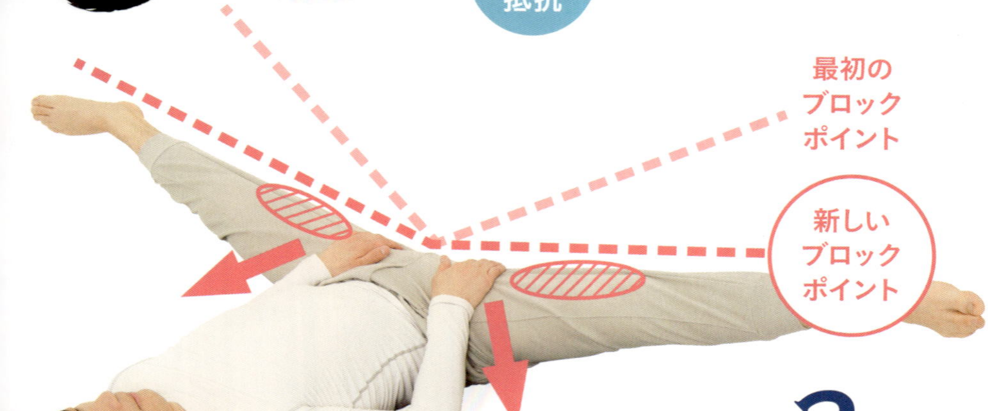

2

足を脱力します。すると、足の重みと手の力で足が開きます。3回繰り返します。

1

片ひざを曲げて他方のひざを伸ばします。伸ばした足の内転筋群で足を閉じる方向に力をかけると、体が少し持ち上がります。

2

脱力すると体の重みで体が沈みます。3回繰り返します。

ゴムバンドは指で挟むなどして固定します。

ゴムバンドを背中側にセットします。バンドの長さは自然に足を開ける限界点に合わせて調整してください。
内転筋群の力で2秒間足を閉じたら脱力します。ゴムバンドの力で足が開きます。
ゴムバンドを少しずつ短くしながら同じ動作を繰り返します。

ペアで

1

補助者は下の足が浮かないようにひざを押さえ、上の足を顔の方へ押します。

2

2秒抵抗して脱力します。
同じ動きを3回繰り返します。

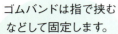

もも内側のストレッチ

筋膜アプローチ

写真のように足を曲げて座り、もも内側をひざから鼠径部まで体重をかけてゆるめます。

ひざの内側から少し上の部分は筋肉や靭帯が集まっており、ここをほぐすと前屈が楽になります。また、ここは血海というツボがあり、全身の血液の巡りを改善します。

マッサージスティックで鼠径部からひざ上にかけてマッサージします。

フォームローラーにもも内側を押し付けます。

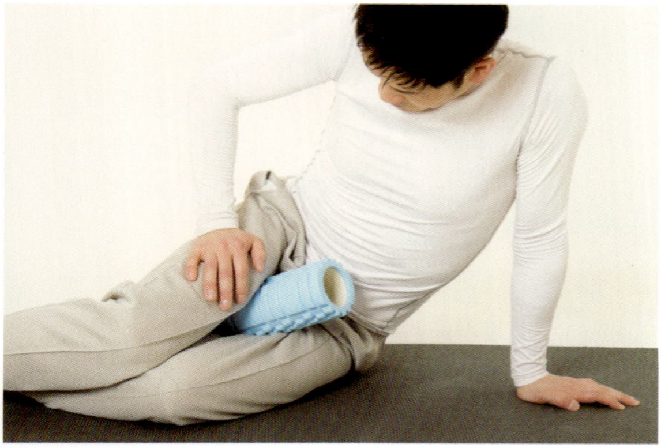

フォームローラーをもも内側に挟み、足を閉じるように力を入れます。

ペアで

もも内側をフォームローラーに乗せ、補助者は上から押さえて揺らします。

補助者がもも内側のこわばっている部分を押すようにマッサージします。

PART 11

ふくらはぎ（ヒラメ筋 腓《ひ》腹《ふく》筋）のストレッチ

こり固まる原因

- 立ち仕事、歩き仕事
- 長時間のデスクワーク
- 運動不足
- 運動のしすぎ

柔軟性を高めることで期待できる効果

- **ランニングの歩幅が広がる**
- **高く飛べるようになる**
- **坂道を登るのが楽になる**
- **バレエのルルベが高くなる**

各筋肉の働き

ヒラメ筋、腓腹筋はいずれも踏み切る際に働き、歩く、走る、跳ぶ、登る等の役割があります。立つ姿勢を保持し、足首を伸ばすことでつま先立ちを可能にします。

この部位がこり固まると、血液やリンパの流れが滞りやすくなります。

本パートで意識する主な筋肉

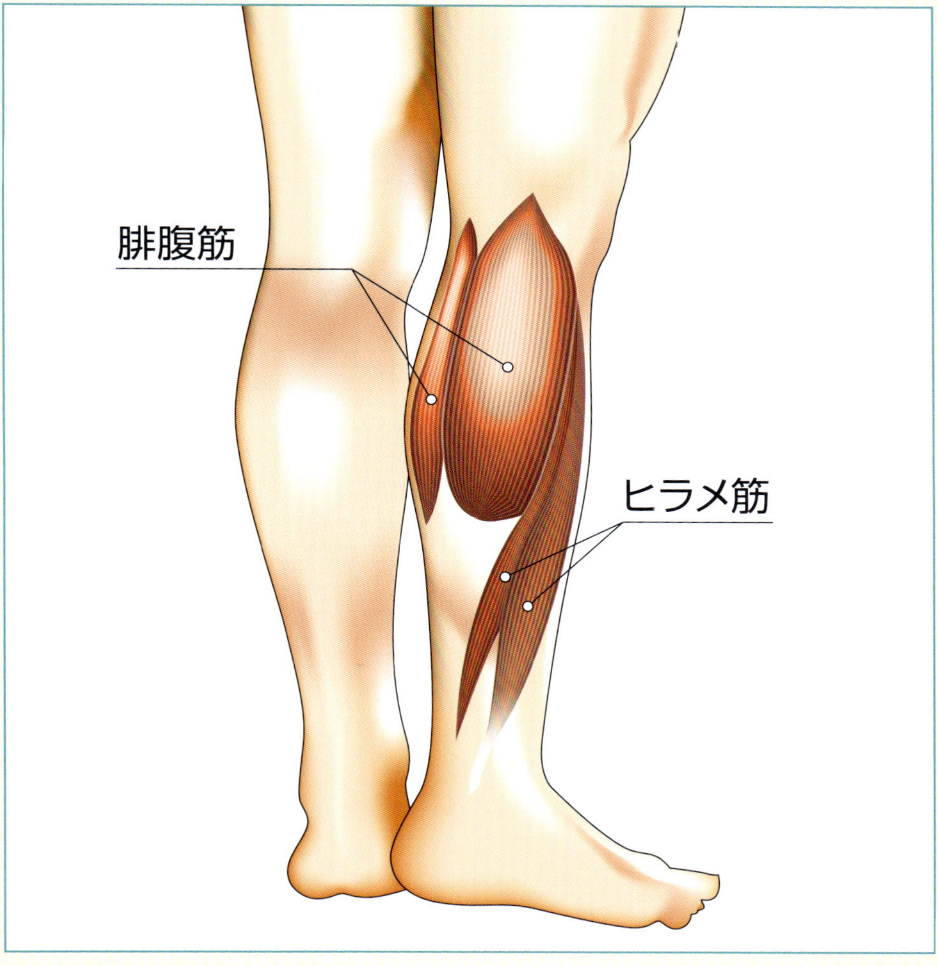

P112〜117で紹介している
ストレッチ動画はこちら
https://hyper-body.com/k

ふくらはぎのストレッチ

脳科学アプローチ

1

ひざを手で押し下げ、それに抵抗してかかとを上げるように力を入れます。

2

かかとを脱力します。
3回繰り返します。

イスを使わず、床上で行うこともできます。ひざが前に出るので、特にふくらはぎの下部がストレッチされます。

1

足を伸ばした状態で足の指先にゴムバンドをかけ、つま先を前に押し出します。

2秒 抵抗

2

ゴムバンドを引いたままつま先を脱力し、同時にかかとを押し出します。
3回繰り返します。

2秒 脱力

NG

ひざが曲がっている。

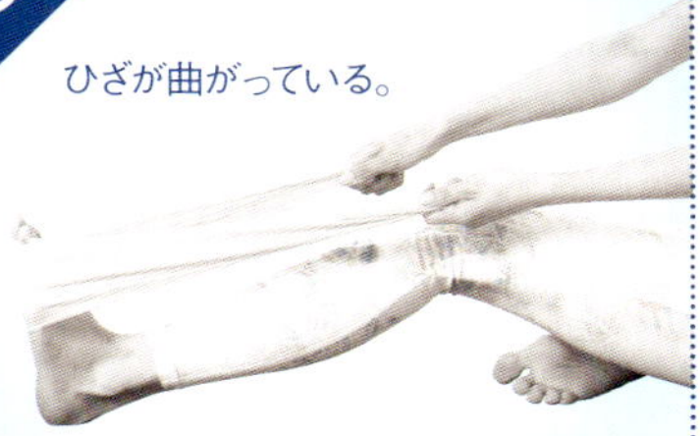

NG

つま先に負荷がかからない。

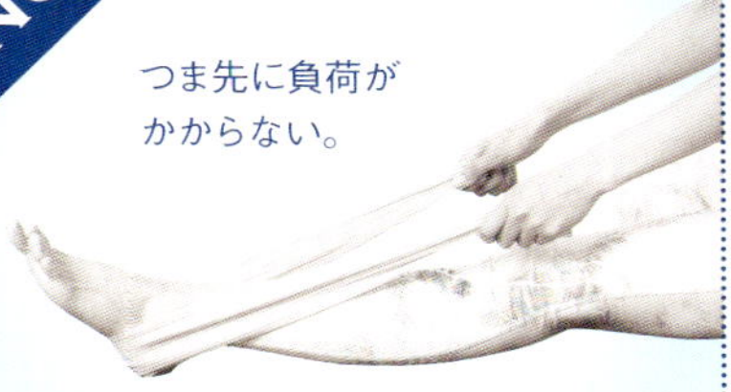

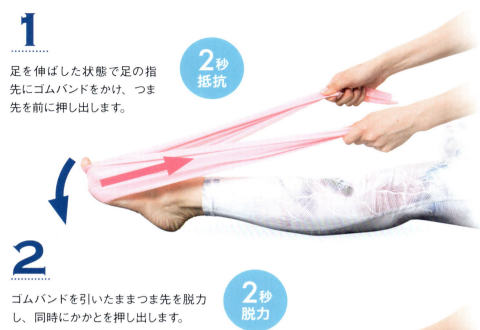

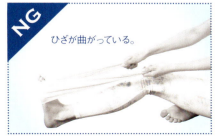

ふくらはぎのストレッチ

筋膜アプローチ

フォームローラーの上でふくらはぎを揺らします。

腕で上体を支えてお尻を浮かせると、
ふくらはぎにより体重がかかるため、
負荷が増します。

両手のひらでふくらはぎを強く圧迫しながら、ふくらはぎの収縮、弛緩を繰り返します。

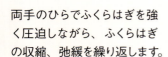

ももとふくらはぎの間に
マッサージボール等を挟みます。

握りこぶしをももと
ふくらはぎの間に挟みます。

ペアで

ふくらはぎをフォームローラーに押し当てて揺らします。

ふくらはぎが「第2の心臓」といわれるのは、全身を巡る血液を心臓へ戻すポンプのような役割を果たしているからです。

ふくらはぎの筋力や柔軟性が衰えると、このポンプ機能が低下し、血液が下半身から心臓に戻る力が弱くなってしまうので、血行が悪くなるのです。

ひざを深くクロスして、上の足首を上下に揺らします。

ふくらはぎをひざの上に乗せて足首を回します。

ひざ下の内側のツボ

ももの筋肉はひざを経由してひざ下の内側に付着しています。この部分をもむと、もも裏、ひざ裏が伸びやすくなります。

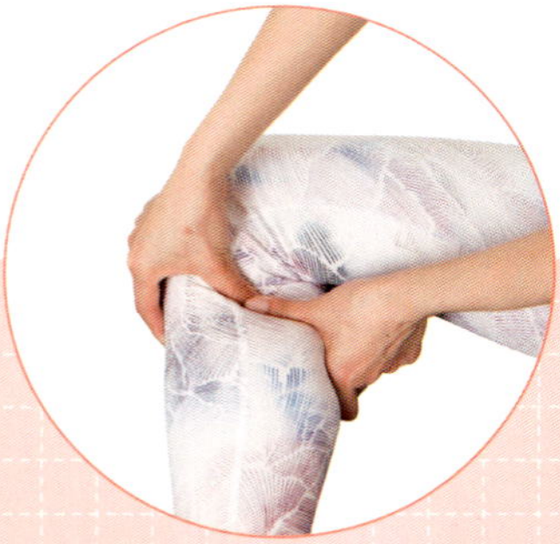

そもそも人間は立って歩くので、重力で7割以上の血液が足に溜まりやいといわれています。そのため血行を改善するうえでふくらはぎのポンプ機能は重要な役割を持ちます。

運動不足やふくらはぎの酷使によって、この機能が弱まると血行が悪くなり、病気や冷え、むくみ、肩こり、腰痛等のリスクも高まるので、普段から軽いウォーキングや本書で紹介しているようなストレッチを行うこととふくらはぎを冷やしすぎないことを意識してください。

ふくらはぎをひざの上に乗せ、
上の足をスライドさせます。

ふくらはぎのポンプ機能を活性化すると、次のような効果も期待できます。

◆血行が良くなる
◆免疫力が高まる
◆自律神経の働きが良くなる
◆体温が上がる
◆老化を防ぐ
◆脳が活性化する
◆ふくらはぎが引き締まる

PART 12

すね・足裏・つま先（前《ぜん》脛《けい》骨《こつ》筋・足《そく》底《てい》筋群）のストレッチ

こり固まる原因

立ち仕事、歩き仕事

革靴で歩く

ハイヒールで歩く

運動のしすぎ

柔軟性を高めることで期待できる効果

つま先が上がり、つまずきにくくなる

大幅で速く歩けるようになる

高く飛べるようになる

バレエのルルベが高くなる

各筋肉の働き

前脛骨筋は、つま先を上げる働きがあります。前脛骨筋は、ふくらはぎの拮抗筋であり、ふくらはぎの可動域を広げ、動きを強化する働きがあります。

足底筋群は、土踏まずのアーチを形成し、足の指を曲げ、強く踏み出す働きがあります。

この部位がこり固まると、つまづいたり、足底腱膜炎になりやすくなります。

本パートで意識する主な筋肉

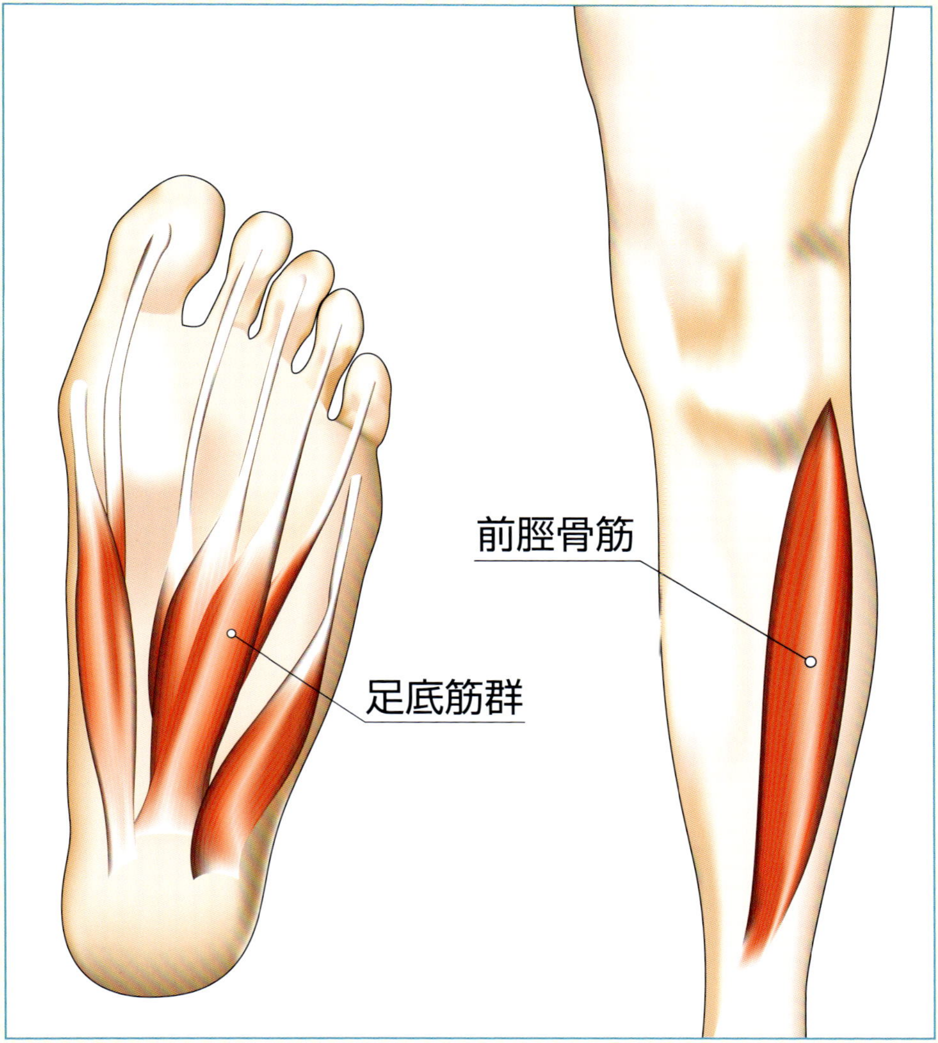

P120〜125で紹介している
ストレッチ動画はこちら
https://hyper-body.com/g

すねのストレッチ

脳科学アプローチ

1

正座して片ひざを手で持ち上げると同時に、ひざは抵抗するように下に押し付けます。

2

ひざを脱力し、
手で引き上げます。
3回繰り返します。

すねのストレッチ

筋膜アプローチ

指先で前脛骨筋を
押しほぐします。

マッサージスティックで
前脛骨筋をゆるめます。

フォームローラーに前脛骨筋
を乗せ、体重をかけます。

足裏のストレッチ

脳科学アプローチ

1

手でつま先を反らすように力をかけ、
つま先の力で抵抗します。

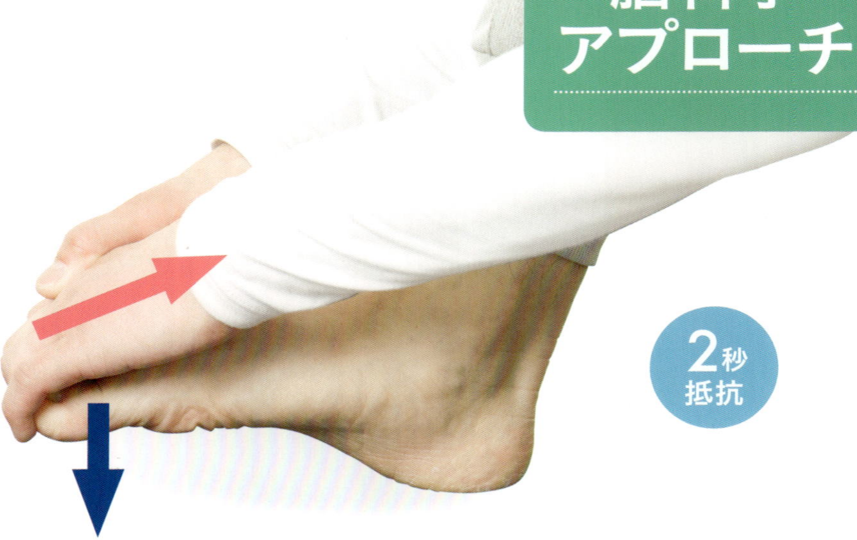

2

つま先を脱力します。
3回繰り返します。

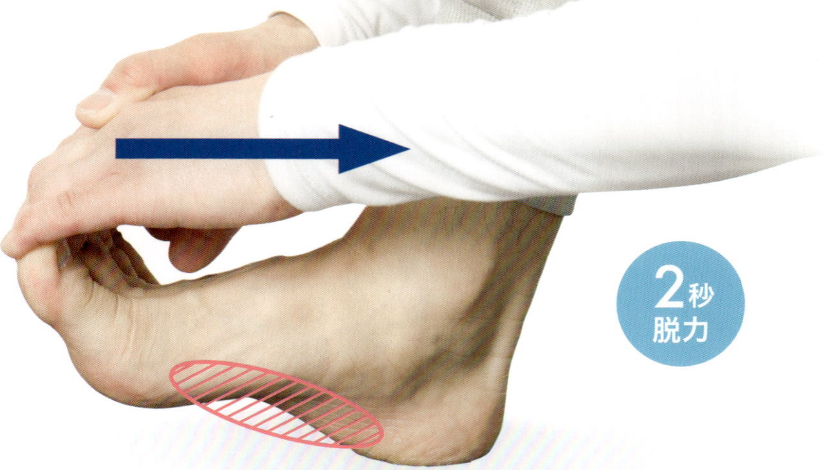

足裏のストレッチ

筋膜アプローチ

ボールを踏んで足裏をゆるめます。大まかに足の内側、真ん中、外側の３本のラインを意識します。しっかりボールに体重をかけて行います。

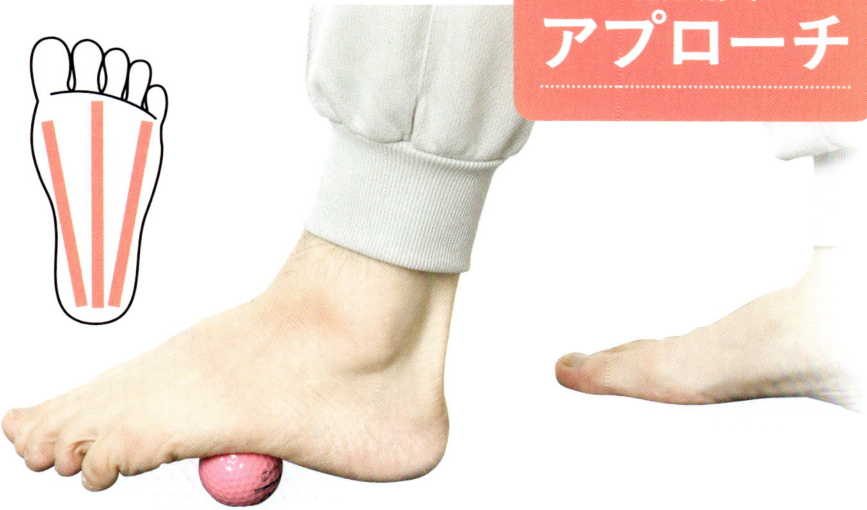

手の指先で足裏を押しほぐします。

つま先のストレッチ

脳科学アプローチ

1

つま先を壁に押し当て、ひざを下に押し込みます。壁にはタオルなど柔らかいものをあてがい、つま先を保護します。

2秒
押し込む

2

2秒
脱力

ひざをゆるめます。

ペアで

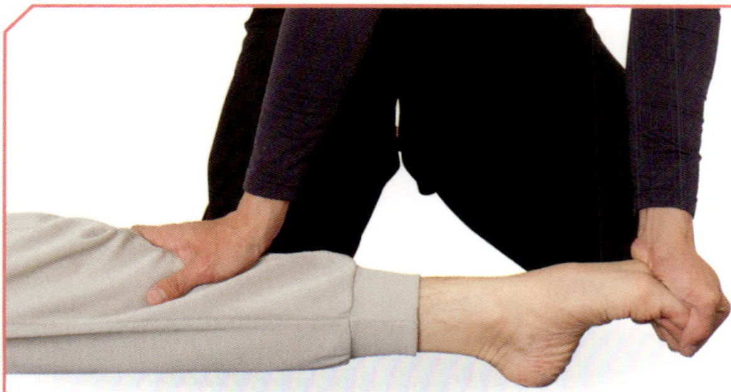

補助者がつま先を押し下げ、それに対して抵抗します。

つま先のストレッチ

筋膜アプローチ

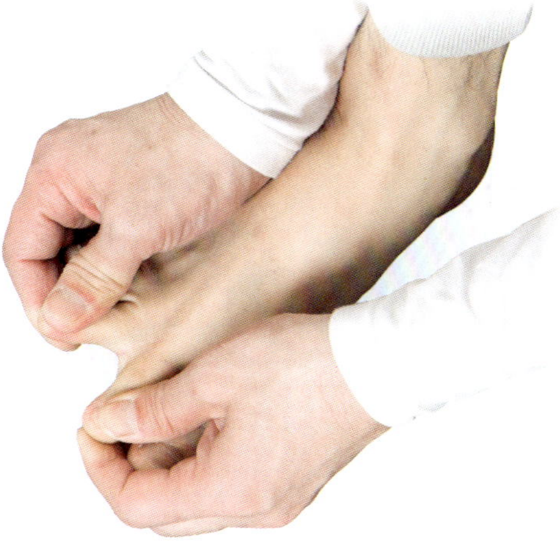

指を上下左右に開いたり、回したりします。

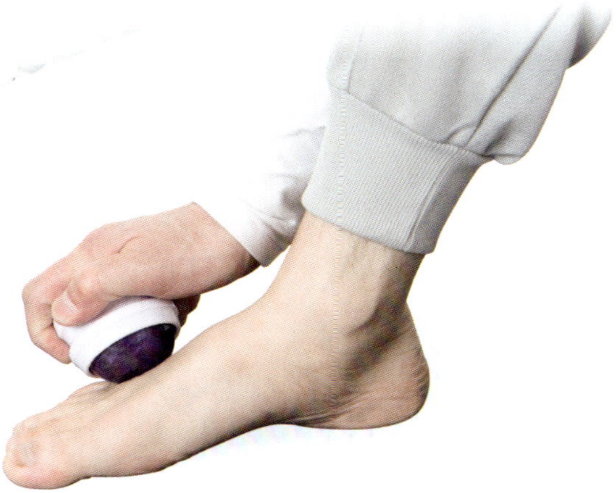

マッサージボールで足の甲の指の骨の間に沿ってほぐします。

ここまで部位別に全身のストレッチを紹介してきましたが、中には「すねや足裏、つま先などは私の競技には関係ない」と考える方もいらっしゃるかもしれません。

しかし、全身は筋膜で覆われており、一カ所の歪みが全身に影響します。例えば足裏をしっかりゆるめると、下肢の裏側全体がゆるんで前屈しやすくなります。

また、すねのマッサージは初めてという方も珍しくないと思いますが、前脛骨筋は腓腹筋等の拮抗筋となるため、すねを柔らかくするとふくらはぎが本来の可動域までよく伸びます。もし、いつも同じストレッチしかしていないのでしたら、今まで見過ごしてきた部位にも目を向けてみてください。

COLUMN 1

ウォームアップ＝ストレッチ？

ウォームアップとはその名の通り、体を温めるために行う運動のことです。その目的は体を温め、全身の血液循環を促し、血液が筋肉に酸素や栄養素を届けやすい状態にすることで、競技パフォーマンスの向上やケガを防止することにあります。

この点、床に座って足を伸ばして行うじんわりストレッチでは体は温まらないので、ウォームアップになりません。ウォームアップにならないだけでなく、特に寒い時期など体が温まっていない状態では筋肉は伸びにくいのでストレッチの効果も半減します。

では、ウォームアップには何をするのがよいのでしょうか。

体を温めるという目的から言えばウォーキングやジョギングといった有酸素運動が適しているのですが、本書では気軽にできるという意味でP20から紹介した、軽く反動をつけて大きく体を動かすダイナミックストレッチをオススメします。

また、ウォームアップに要する時間ですが、体を温めることが目的なので、ちょっと汗ばむくらいまで、10分を目安にして行ってください。

CHAPTER 3

上級者向けポーズにチャレンジしてみよう！

Y字バランス、前後開脚、鳩のポーズ、ビールマンポーズ……
初級者から超上級者までリクエストの多いポーズを6つ取りあげ、
練習方法を紹介します。

難易度
★☆☆☆☆

背面握手

上の腕は①ひじを横に引く動きと②後ろに引く動きの複合、下の腕は①肩を下げる動きと②胸を開いて腕を後ろに回す動きの複合です。肩甲骨の柔軟性が必要です。

目標 **一方だけでも握手ができる。**

上級目標 **左右を入れ替えても、しっかり握手ができる。**

ポイント

- **胸を開く。**
- **下の手の肩を下げる。**

エクササイズ 1 脳科学アプローチ

それぞれ 3回 繰り返し

ひじを持って横に引き寄せ、抵抗（2秒）、脱力（2秒）を繰り返します。
（参考：P64）

ひじを持って後ろに引き寄せ、抵抗（2秒）、脱力（2秒）を繰り返します。
（参考：P64）

壁に手をついて体をひねり、胸の力で抵抗（2秒）、脱力（2秒）を繰り返します。
（参考：P72）

エクササイズ 2　筋膜アプローチ

それぞれ 30秒

上になる腕の三角筋

肩の外側をゆるめます。

肩をつかんで
腕を動かします。

上になる腕の大円筋（わきの下の背中側）、体側部

わきの下をつかんで
腕を動かします。

腕の下からわき腹にかけてゆるめます。

下になる側の胸、僧帽筋

背中をゆるめます。

胸を乗せて揺らします。

必要に応じて上記以外の部位もゆるめてください。

エクササイズ1、２を終えたら、背面握手のポーズを30秒キープして成果を確認します。

チェック項目

- □ 手が深くつかめるようになりましたか？（届かない場合はどれくらい近づいたか？）
- □ どこがブロックになっていますか？

ブロックになる部位を自分で感じとり、その部位を重点的にゆるめます。
また、左右を入れ替えて行ってみましょう。

NG

肩が上がるとうまくできません。僧帽筋が緊張すると肩が上がるので、この場合は先に僧帽筋をゆるめましょう。

効果的なエクササイズ

ゴムバンドを持ち、上下で綱引きして脱力、次に短く持って再度綱引きして脱力します。これを数回繰り返します。

難易度
★★☆☆☆

横開脚

主にもも内側（内転筋）が伸びる動きです。動作としては股関節を外側に開くだけの比較的単純な動きですが、股関節だけでなく下半身全体の柔軟性が必要です。

目標 **おでこが床につく。**

上級目標 **お腹が床につく。**

ポイント

- ひざを外側に向ける。
- 手を遠くに伸ばす。
- 上体を引き上げ、骨盤を立てる。

エクササイズ 1 脳科学アプローチ

それぞれ 3回 繰り返し

1

足裏を体の前で合わせ、
腕を斜め上に引き伸ばします。

2

上半身を脱力します。

1

上体を腕で支えながら、内転筋群に力を入れる（足を閉じるイメージ）。

2

上半身を脱力します（参考：P105）。

DOWN

床に手をついて行うことが難しければ、上体が安定するようにイスやヨガブロックで上体を支えます。

エクササイズ 2　筋膜アプローチ

左右それぞれ **30秒**

足を左右に回しながら引き抜くようにゆるめます。

もも内側

もも内側をゆるめます。

足裏

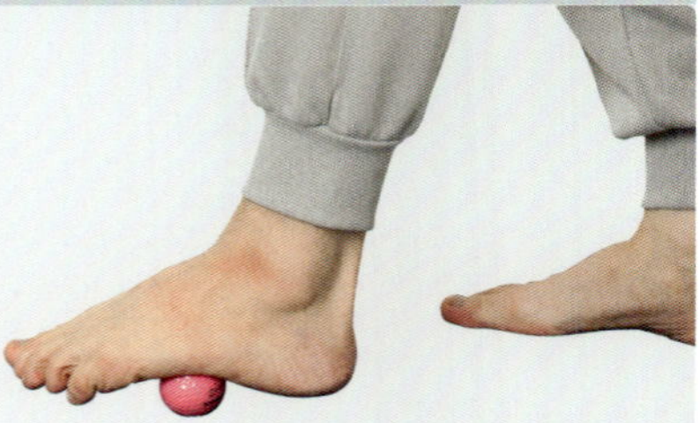

つま先からかかとまで体重をかけてボールを踏みます。

お尻

お尻のくぼみ周辺を重点的にゆるめます。

もも外側

もも外側をゆるめます。

必要に応じて上記以外の部位もゆるめてください。

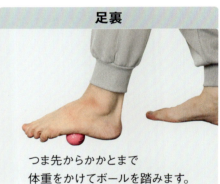

エクササイズ1、2を終えたら、横開脚のポーズを30秒キープして成果を確認します。

チェック項目

- □ **どれくらい足が開きますか？**
- □ **前屈したとき、ひじ、頭、あご、胸のどこが床につきますか？**
- □ **どこがブロックになっていますか？**

ブロックになる部位を自分で感じとり、その部位を重点的にゆるめます。

骨盤を立てると背中が伸びて前屈しやすくなります。
お尻の下にクッションなどを入れると骨盤を立てやすくなります。

NG

骨盤の前傾ができない人は、本来別々に動くはずの背中と骨盤が固着しています。P20以降で紹介した準備運動で骨盤の動きを取り戻しましょう。

補助者が足を押し開くのに対し、抵抗して脱力します。

補助者は足を引き抜くように引っ張ります。

Y字バランス

難易度 ★★★☆☆

横開脚から立ち上がって体側部を伸ばす動作です。上げる足の裏側全体（つま先から大殿筋）と軸足側の側面が伸びる動きです。特に内転筋の柔軟性が必要です。

目標 つま先をもって10秒キープできる。

上級目標 軸足側の手で上げた足を持つことができる（I字バランス）

足の持ち方は
P139参照。
軸足側の体側部を
上に引き上げます。

ポイント

- 軸足の鼠径部で
バランスをとる。
- 目線を正面に向ける。
- 腕を上に伸ばす。
- 足を上げた側の
わき腹を縮める。

エクササイズ 1 脳科学アプローチ

左右とも 3回 繰り返し

参考：P66

1

2秒間斜め上に伸びます。

2

上体だけ脱力。

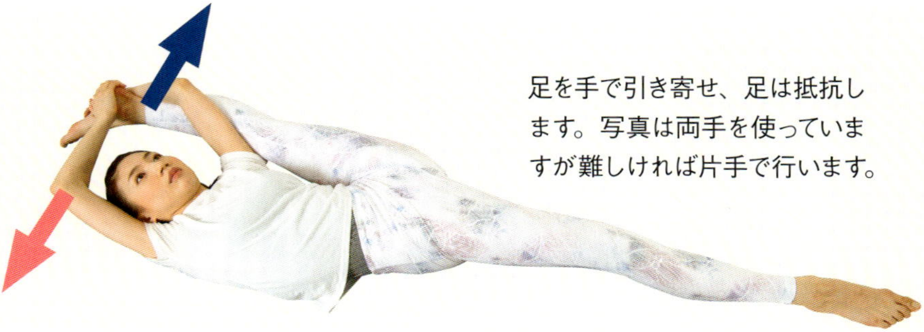

足を手で引き寄せ、足は抵抗します。写真は両手を使っていますが難しければ片手で行います。

エクササイズ 2　筋膜アプローチ

それぞれ 30秒

もも内側（左右）

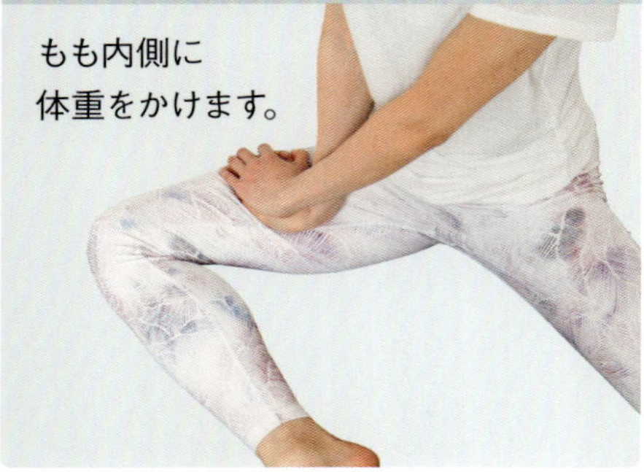

もも内側に
体重をかけます。

上げる足のふくらはぎ

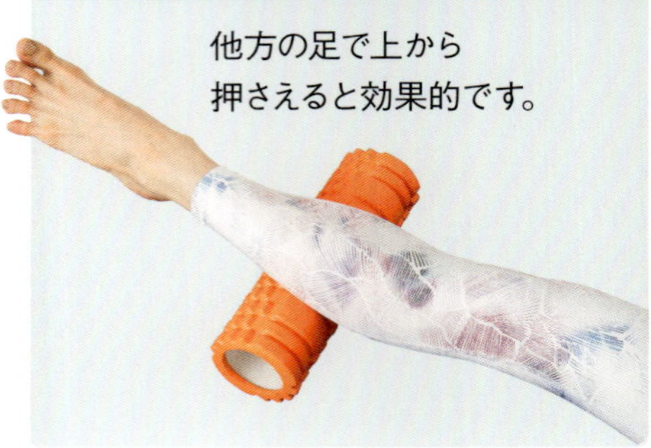

他方の足で上から
押さえると効果的です。

大殿筋（左右）

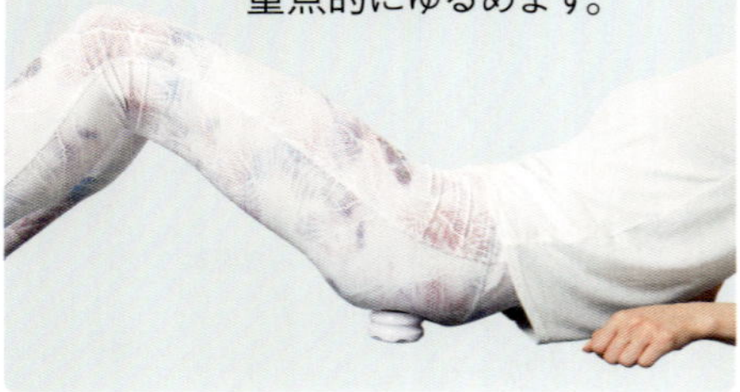

お尻のくぼみを
重点的にゆるめます。

股関節（左右）

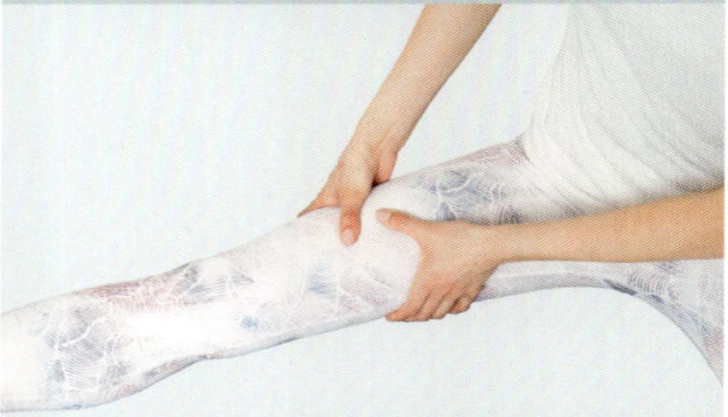

足を引き抜くように揺らします。

軸足の体側部

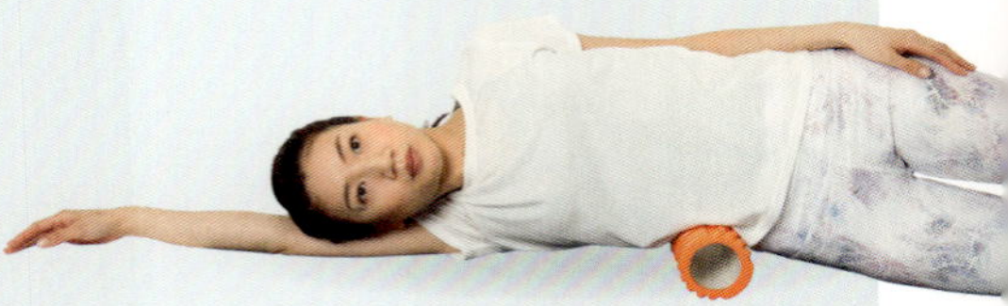

わきの下からわき腹まで位置を変えながら体側部をゆるめます。

必要に応じて上記以外の部位もゆるめてください。

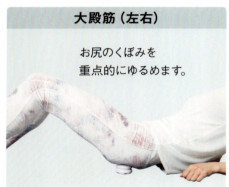

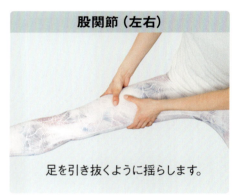

エクササイズ1、2を終えたら、寝た状態でY字バランスのポーズを30秒キープ。
その後、立って成果を確認します。

チェック項目

- □ 足がどこまで上がるでしょうか？（肩まで足が上がらないと立てません）
- □ どこがブロックになっていますか？

ブロックになる部位を自分で感じとり、その部位を重点的にゆるめます。
また、左右を入れ替えて行ってみましょう。

効果的なエクササイズ

上げた足を反対の手でつかみます（このポーズで立つといわゆるI字バランスになります）。

開脚から上体をひねって上を向くように体を倒します。

上げた足のつかみ方

上級 つま先まで伸びます。

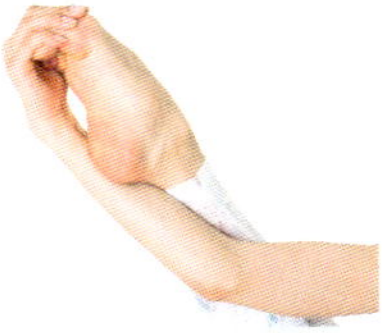

中級 美しく見えます。

初級 持ちやすいです。

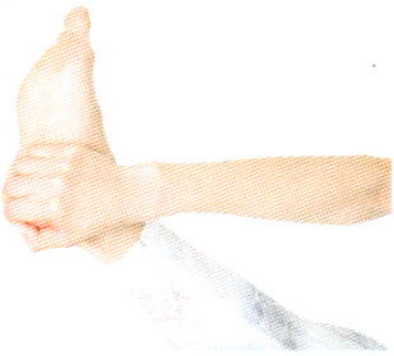

難易度
★★★★☆

前後開脚

足を前に上げる動きと後ろに上げる動きの複合です。前足の裏側全体と後ろ足の前側全体が伸びます。横開脚に比べ、多くの関節や筋肉の柔軟性が必要です。

目標 **上体が前傾した姿勢で開脚ができる。**

上級目標 **上体をまっすぐ立てて開脚ができる。**

ポイント

- **後ろ足のもも前側をしっかりゆるめる。**
- **前足のもも裏とふくらはぎをゆるめる。**

エクササイズ 1　脳科学アプローチ

それぞれ 3回 繰り返し

後ろ足のひざをついて、前足のもも裏からお尻にかけての筋肉で体を引き上げ2秒キープ（上体が上がります）。一気に息を吐いて脱力します（参考：P89）。

壁を後ろ足の甲で2秒押します（後ろ足の前ももが緊張し、上体が上がります）。一気に息を吐いて脱力します（参考：P82）。

エクササイズ 2　筋膜アプローチ　それぞれ30秒

前足の裏側、後ろ足の前側を重点的にゆるめます。

前足のふくらはぎ

体重をかけて
ゆるめます。

前足の裏側

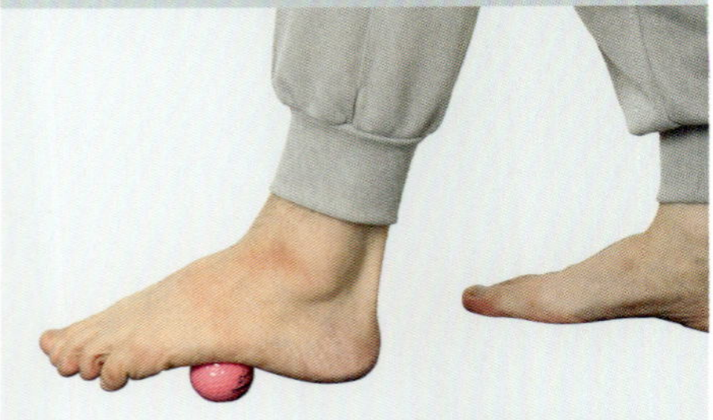

まんべんなくボールを踏みます。

前足側のお尻

お尻のくぼみを
ゆるめます。

前足のもも裏側

もも裏側をゆるめます。

後ろ足のすね

すねの筋肉を
ゆるめます。

後ろ足のもも前側

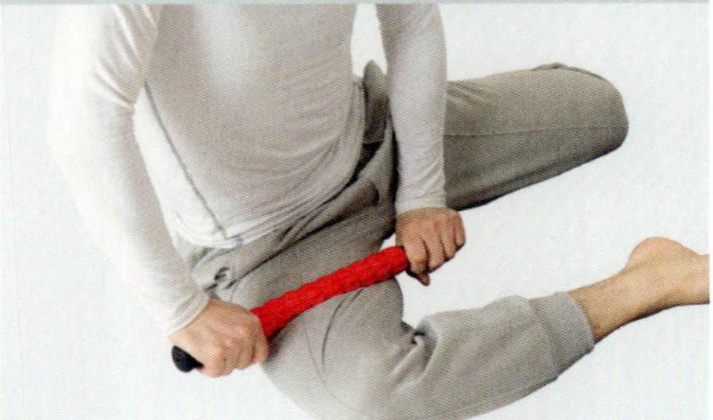

もも前側をゆるめます。

必要に応じて上記以外の部位もゆるめてください。

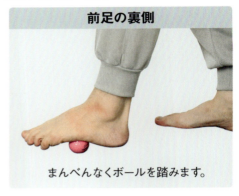

エクササイズ1、２を終えたら、前後開脚のポーズを30秒キープして成果を確認します。

チェック項目

- □ 股関節と床の距離はどれくらい近づきましたか？
- □ へそは前を向いていますか？
- □ どこがブロックになっていますか？

ブロックになる部位を自分で感じとり、その部位を重点的にゆるめます。
また、左右を入れ替えて行ってみましょう。

NG

ひざとへそが横を向くと後ろ足の前側がストレッチされません。

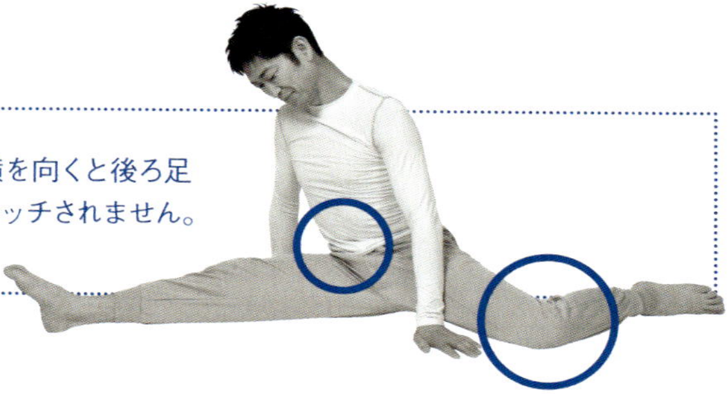

効果的なエクササイズ　前後開脚で上体を左右交互に倒します。

難易度
★★★★★

鳩のポーズ

体の前面すべて（腕、肩～腸腰筋～つま先）をゆるめ、ストレッチすることが必要です。また、腰と背中の柔軟性も重要なポイントです。

目標 **頭の後ろで手をつなぐことができる。**

上級目標 **しっかり正面を見ることができる。**

ポイント

- **後ろ足のもも前側をゆるめる。**
- **胸を開く。**
- **あごを引く。**

ヨガで有名なポーズです。全身の柔軟性が必要です。ここまで取り組んできたあなたなら自分に必要なエクササイズを自分で考えることができるでしょう。ここでは鳩のポーズの練習方法を紹介します。

前足のひざを曲げて、後ろ足のひざが下を向くようにして後ろ足のもも前側を伸ばします。体勢が不安定になる場合、股の下に丸めたタオルやヨガブロックを置くと体勢が安定します。

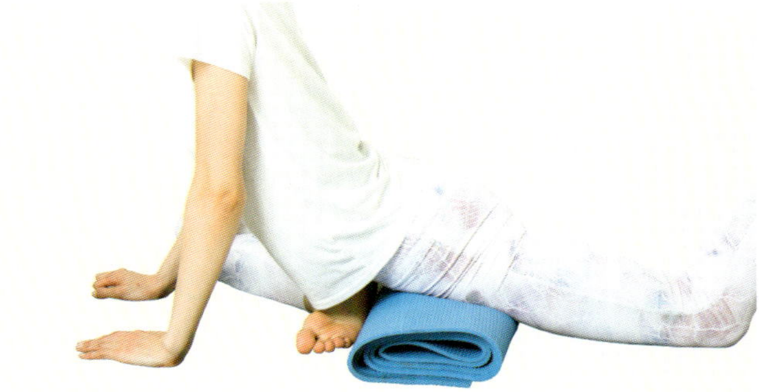

前足の位置で難易度が変わります。かかとと股関節が離れるほど後ろ足のもも前側にかかる負荷が大きくなるのでより柔軟性が必要になります。

NG

後ろ足のひざが横を向いています。特に後ろ足のもも前側の伸びが足りないのが原因です。P78以降の下半身のストレッチに一通り取り組んでください。

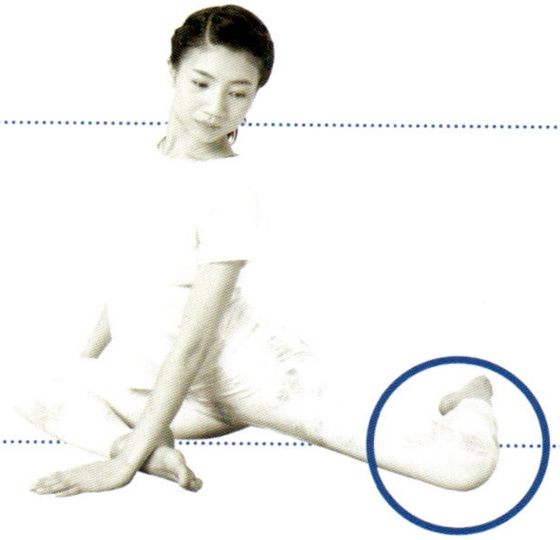

1

後ろ足のひざを曲げてつま先をつかみます。このポーズができない場合は、前後開脚（P140〜143）から練習するのが早道です。

2

ひじをひっかけます。

3

頭の後ろで手を組んで完成です。

NG

・へそが横を向いている。
・後ろ足のもも前側が伸びていない。
・腰の柔軟性が足りない。

腰の柔軟性を高めるエクササイズ

大きく息を吸って上に伸び2秒キープ、息を吐いて脱力、同時に恥骨を下に押し下げます。腰に負担をかけないように上体は上に伸び続けます（頭を上に引っ張られるイメージ）。

写真の体勢から少し上体を起こし（2秒間）、一気に脱力します。軽い重りを手に持って負荷をかけるとさらに効果があります。負荷の強さは個人のレベルに応じて変更します。

難易度 ★★★★★★★★★★

ビールマン

腕からつま先まで全身の部位を最大限にストレッチする必要があります。全身をくまなくゆるめることはもとより、各関節を安定させる筋力も必要です。

目標 **前後開脚で上体を反らすことができる。**

上級目標 **両手で上げた足をつかむことができる。**

ポイント

- 足をしっかりつかんで引き上げる。
- 全身をくまなくゆるめる。

フィギュアスケートでよく目にするポーズ。チアリーディングの世界では「スコーピオン」とも呼ばれます。鳩のポーズがしっかりできてからチャレンジすべき、最難関のポーズです。

　前項で紹介した鳩のポーズの上級目標をクリアしてから練習します。鳩のポーズに比べ、さらに背中や肩の強いストレッチが必要になります。上体を正面に向け、両腕を上から回します。頭が足裏につく体勢が目標です。ここでは順を追って練習方法を紹介します。

STEP 1

1

後ろ足と同じ側の腕を上から回します。
届かなければゴムバンド等を使います。

2

両腕を上から回して足をつかみます。

3

足裏と頭を近づけると鳩のポーズの完成です。

4

余力があれば足首をつかみ、後ろ足のひざを
少しずつ伸ばします。

STEP 2

次の段階として、床の上でビールマンポーズを行います。
補助者がいれば、背中を下から支えてもらいましょう。

1

前後開脚で後ろ足のひざを曲げて
片手で上からつま先をつかみます
（不安定な体勢なのでもう一方の
手で体を支えます）。

2

足首をつかみ、
ひざを伸ばしていきます。

3

つかんだ手をひざに近づけつつ、
さらにひざを伸ばしていきます。

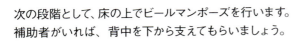

それでは、いよいよ立って練習しましょう。

1 上げた足と同じ側の手で足を持ちます（この持ち方は楽ですが足を高く上げることができません）。

2 上げた足と同じ側の手を上から回して足を持ちます（この持ち方で足を高く上げる練習をします）。

3 上げた足と反対側の手でつま先を持ちます。足が体の真後ろに来ます。

4 両手でつま先をつかんで完成です。

5 つかむ位置をつま先からひざに近づけながらひざを伸ばしていきます。

6 ひざが伸びるほど美しくなります。

よくある質問トップ3

Q「ストレッチをすると痩せますか？」

A ストレッチ自体には痩せる効果はありません。「筋肉の柔軟性と基礎代謝量には相関関係がない」とされているからです。

もっとも、直接的な痩身効果はないものの、ストレッチにより各関節の可動域が広がることで動きやすくなるため、体の動きが大きくなります。結果として、あまり意識しなくても普段の運動量が上がり、代謝が増えるために痩せるという副次的な効果は期待できます。

なお、本書の脳科学アプローチは、筋トレの要素を含んでいます（PNFトレーニングというメソッドも確立されています）。本書はストレッチが目的ですので、力を加える時間は２秒間しかないため、積極的に筋肥大につながることはありませんが、多少の筋力強化の効果があるので基礎代謝量を上げ、痩せる効果があるといえるでしょう。

Q「ストレッチは運動前と運動後、いつやるのが効果的ですか？」

A 運動前後のストレッチはそれぞれ目的が異なります。運動前のストレッチはケガの防止、パフォーマンスの向上が目的であり、運動後のストレッチは疲労の回復、柔軟性の向上が目的です。本書をお読みの皆様は、もっぱら柔軟性向上に関心があるはずですから、運動後のストレッチを重点的に行ってください。

もし運動前には入念にストレッチをしているものの、運動後はほとんどしていないのであればもったいないことです。

運動前には体をほぐし、温めるダイナミックストレッチを短めに行い、体が温まっている運動後は柔軟性を高めるためにトップギアストレッチをしっかり行うというように時間配分を変えるだけで柔軟性向上に大きな変化があるはずです。

Q「静的ストレッチは長くやればやるほどいいのですか？」

A 同じポーズで長くキープしても効果はあまり変わりません。

静的ストレッチでは自分の限界点でゆっくり呼吸をして30秒ほどキープすることで腱紡錘の働きにより、筋肉が緩み、柔軟性が高まることが知られています。

ただし、腱紡錘の働きによる柔軟性向上は概ね30秒以上は効果が変わらないとされており、1回で長く行うより30秒を数回に分けて行うほうが効果があります。

したがって、例えば開脚で180秒間キープを1セット行うよりは、12秒の脳科学アプローチ＋30秒の筋膜アプローチ＋30秒間キープ（体位を変更する時間を含めて計90秒）を２セット行うことをオススメします。

ストレッチを習慣づけよう

ながらストレッチのススメ

歯磨きしないで寝るのは何となく気持ち悪い、と感じるでしょう。

それと同じく、ストレッチをしないで寝るのは気持ち悪い、そう感じるくらいストレッチを習慣にしたいものです。

時々「毎日頑張ってストレッチをしています」と連絡をくださる方がいます。ありがたいことですし、継続していることは称賛に値することです。

でもあなたは「毎日頑張って歯磨きをしている」とは思わないでしょう。頑張るという言葉には「我慢して努力する」という意味合いが含まれているのです。

ですから、ただ毎日続けるというだけでなく、頑張らなくても習慣として無意識的に体を動かせるようになることが目標です。ついついビデオを見ちゃった……と同じように、気付いたらつい伸ばしちゃった、となったらいいですね。

さて、新しい習慣は身につくまでは頑張って続ける必要があります。

とはいえ、毎日しっかり時間を取ってストレッチをしようと考えるとハードルが上がってしまいます。これまでに経験があると思いますが、毎日たった3分であっても新しい行動というのは長続きしにくいものです。

そこでオススメは、普段必ずやっている動作にストレッチをプラスするだけの「ながらストレッチ」です。普段の何気ない生活習慣にストレッチをプラスするアイデアをいくつか紹介しましょう。

例えば、歯磨きしながらであってもできるストレッチはたくさんあります。「首を横に倒して首の側面を伸ばす」「体を横に倒して体側部を伸ばす」「体をひねって体側部を伸ばす」「上体を後ろに倒して背中を反らす」「イスに足を乗せ、もも裏を伸ばす」「ゴルフボールを足裏でコロコロしてマッサージする」などです。

このように考えれば、いつもの習慣にプラスできるストレッチはたくさんあるはずです。「横開脚でテレビを見る」「入浴中に足のマッサージをする」「食器を洗う際に青竹踏みをする」「トイレで座ってつま先をつかんで足を伸ばす」などです。

例えば私は夜、壁に足を引っかけY字で寝ることもあります。

家の中

座っている時間が多く、周りに人が多くても目立たないようにストレッチする機会はあります。気分転換になり、集中力が増して仕事や勉強がはかどる嬉しい効果もあります。

イスに座って仕事や勉強をしている時でもできるストレッチの例を挙げてみましょう。

◎肩甲骨を動かす（広げる、閉じる、上げ下げするなど）
◎つま先、ふくらはぎを伸ばす
◎つま先を上げ下げする
◎振り向くときに上体をねじる
◎片足を他方のひざの上に乗せて上体を倒す
◎前腕をほぐす

列車やバスの移動中にできることもあります。スマホを見たり、本を読んだりして過ごす時間が多

オフィス・学校

いと思いますがプラスアルファでこっそりできるストレッチはどうですか？

◎つり革につかまってぶら下がるように体を預けます。やってみるとわかりますが、列車が動き出すと進行方向の反対側の体側部がグーっと伸びます。行儀の悪い人だと思われないように目立たないようにこっそりやりましょう。

◎つま先を上げてドアに押し付けて足裏からふくらはぎ、ひざ裏を伸ばします。

◎シートに座るなら、お尻の下にボールを入れてお尻をゆるめます。

くれぐれも猫背でスマホに熱中するのはやめましょう。

通勤通学の列車内
いかがでしょうか？
どれか1つでも
始めてみたら
快感になるかも!?

おわりに

ストレッチに王道なし

「学問に王道なし」言い古された言葉ですが学問のみならず、何事にも当てはまる言葉です。

もちろんストレッチでも同じで近道はありません。お酢を飲んでも柔らかくなるわけではないですし、飲むだけで体が柔らかくなるサプリメントはありません。日々コツコツ続けるのが大切です。

あなたは筋トレやダイエットにチャレンジして挫折した経験があるかもしれません。これらはすぐに効果が感じられないので、習慣になって成果が出る前に辞めてしまう例が多いからです。

その点、トップギアストレッチはすぐに効果を感じられます。効果が感じられれば楽しいので、継続するのが苦ではなくなります。継続できればさらなる効果が得られますので、ストレッチはあなたの習慣になるでしょう。

ストレッチに取り組む目的は人それぞれだと思いますが、本

書をきっかけにストレッチに対する苦手意識を解消し、あなたの運動分野でのパフォーマンス向上に資することができればこれ以上の幸せはありません。

本書は私の初めての著作です。モデルさん、モニターさんはもちろんのこと、撮影、メイク、イラスト、デザイン、校正など、大変多くの方々に支えられて本書を世に出すことができたことに感謝いたします。

特に、企画を取り上げていただいたかんき出版編集部の庄子錬さん、出版企画の段階から執筆まで全面的にお手伝いいただいたピラボディの早田孝司さん、コデックス装について教えていただいた水平開きノートの中村社長にはこの場を借りて心より御礼申し上げます。

私は日々、全国で指導を行っていますので、どこかで皆様に直接お会いできることを楽しみにしています。

最後は元気の出る私の口ぐせで締めくくります。

1日1ミリ、1年36・5センチ

最後までお読みいただき、ありがとうございました。

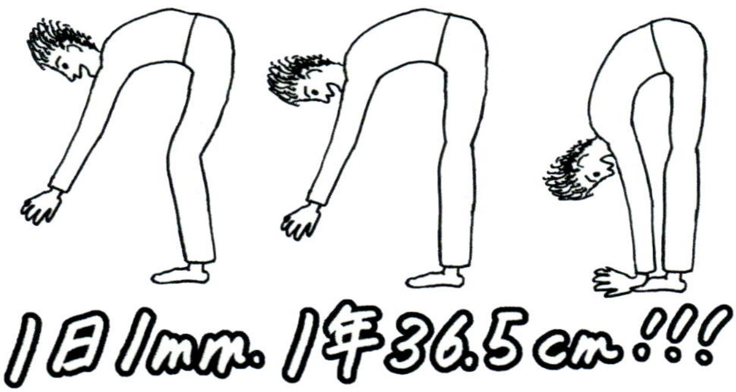

【著者紹介】

村山　巧（むらやま・たくみ）

◉――柔軟美トレーナー。1984年生まれ。前屈しても手が床に届かない超合金のような状況から、27歳の時に趣味で始めたアイススケートをきっかけに柔軟な体を手に入れようと決意。ヨガや解剖学を含め、国内外の様々な書物・セミナーに触れ、自分自身の体を通じて柔軟性の研究を重ね、驚異の柔らかさを手に入れる。

◉――2016年に柔軟美トレーナーとして活動を開始し、銀座や渋谷のスタジオを拠点に少人数のセミパーソナル指導による柔軟クラスを全国で開催。プロフィギュアスケーターやチアダンサーの指導経験も持つ。これまで指導してきた人の数は延べ2万人。

◉――短時間で劇的な変化を導き出すことで参加者から絶大な支持を集め、高いリピート率を誇っている。国内はもとより海外からのオファーが絶えない。

自分史上最高《じぶんしじょうさいこう》の柔軟性《じゅうなんせい》が手《て》に入《はい》るストレッチ　〈検印廃止〉

2019年７月16日　　第１刷発行
2020年３月６日　　第７刷発行

著　者――村山　巧
発行者――齊藤　龍男
発行所――株式会社かんき出版
東京都千代田区麹町4-1-4 西脇ビル　〒102-0083
電話　営業部：03(3262)8011㈹　編集部：03(3262)8012㈹
FAX　03(3234)4421　　振替　00100-2-62304
http://www.kanki-pub.co.jp/
印刷所――大日本印刷株式会社

　ISBN978-4-7612-7432-0 C2075